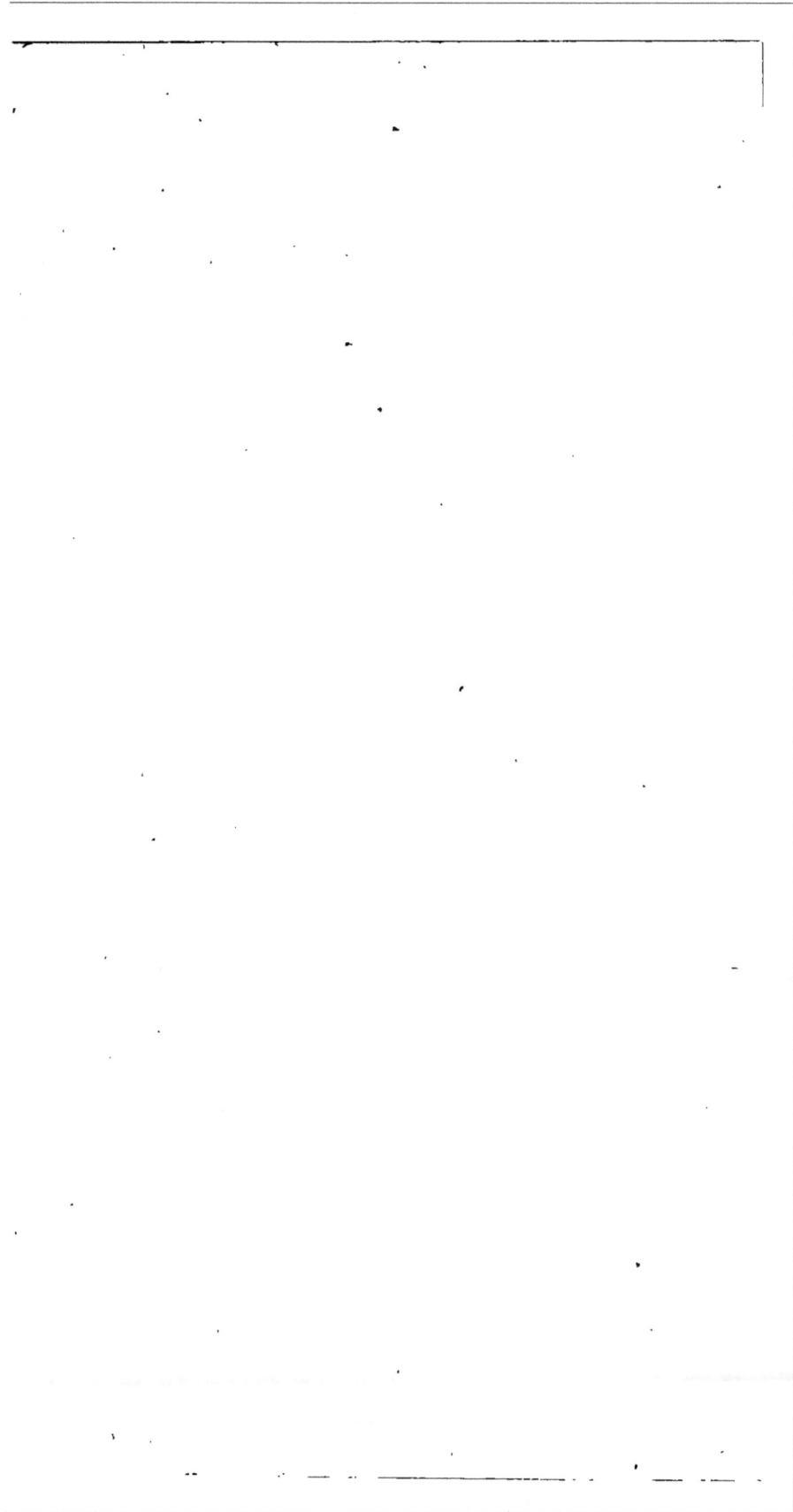

Lk⁷1056

ANNALES DE BON-ENCONTRE

FAISANT SUITE AUX GLOIRES

DE

NOTRE-DAME DE BON-ENCONTRE

PAR L'AUTEUR

DE LA VIE DU CAPITAINE MARCEAU

PREMIER BULLETIN — MAI 1860

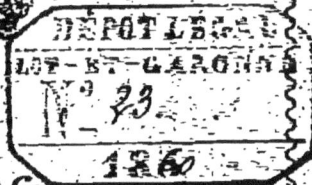

PRIX : 30 C.

... DE BON-ENCONTRE : **20 Centimes**

ET BON-ENCONTRE

1860

PERMIS D'IMPRIMER.

Agen, le 13 Mars 1860.

— † JEAN, *Évêque d'Agen.*

PROPRIÉTÉ·

AVANT‑PROPOS.

Au mois d'Octobre 1857, nous avons publié une Notice sur Notre-Dame de Bon-Encontre, et bien qu'il ne nous eût été possible que de glaner un petit nombre de faits, parmi l'abondante moisson de grâces dont ce sol privilégié est enrichi, un cri d'étonnement et de reconnaissance s'est élevé de plusieurs points de la France vers la Vierge miséricordieuse ; de toutes parts on disait : **Nous ne savions pas !** Béni soit Dieu qui nous a permis de révéler quelques-uns des bienfaits de notre auguste Mère ! Car, ainsi que le disait naguères notre bien-aimé Pontife Pie IX : « On ne peut trop faire « aimer la Très-Sainte Vierge Marie ; et tout ce qui « tend à la glorifier ne peut qu'attirer sur les âmes les « grâces les plus précieuses. » Nous devons aussi re-mercier nos lecteurs de leur bienveillante indulgence.

C'est une grande consolation pour nous d'avoir pu ainsi travailler, sous le regard de notre bonne Mère, à l'édification et au bien de nos frères, que nous embras-sons tous dans une égale charité. Depuis l'époque où nous faisions paraître cet opuscule, la protection du Ciel en faveur de ce béni pèlerinage a continué à se manifester d'une manière si merveilleuse, que, pour

1

répondre au pieux empressement des Fidèles d'une part, et aux miséricordieuses bontés du Seigneur de l'autre, nous nous sentons comme obligé de continuer notre premier récit. Le titre qui se trouve à la tête de ces pages indique suffisamment notre but. A l'exemple d'un homme vénérable, *vir simplex et rectus corde*, qui a secondé avec tant de zèle les pacifiques conquêtes de Notre-Dame-des-Victoires, nous nous contenterons de *transcrire* les relations qui nous sont transmises : le peuple a son langage, langage du cœur, qui vaut bien toutes nos recherches littéraires, *où il n'y a souvent que de l'esprit.* Mais en même temps nous nous imposerons dans nos récits certaines limites, afin de rendre ces Annales accessibles à tous. Notre plan est le même que celui des

GLOIRES DE NOTRE-DAME DE BON-ENCONTRE.

Nous adopterons aussi le même format, pour la commodité des personnes qui voudraient réunir ces pages à la Notice. Est-il besoin d'ajouter que, fils soumis et obéissant de notre sainte et bien-aimée Mère l'Église, nous renouvelons dans son entier la déclaration prescrite par Urbain VIII, qui est à la tête des GLOIRES DE NOTRE-DAME DE BON-ENCONTRE ?

HISTOIRE.

❧

« Tout me plaît dans ce lieu de dévotion, disait
« naguères un des plus célèbres prélats de France,
« Monseigneur Pie : SON NOM, qui exprime toute
« une vérité consolante de l'ordre surnaturel; SES
« ORIGINES, qui offrent des analogies avec les faits
« les plus illustres de la religion ; SON HISTOIRE,
« qui est un tissu de merveilles. — Marie est ap-
« pelée ici NOTRE-DAME-DE-BON-ENCONTRE. Cette
« simple appellation populaire nous dit que la divine
« Vierge, avec son front radieux et serein, se tient
« comme en embuscade le long de tous les sen-
« tiers de notre vie, épiant le moment de toucher
« nos cœurs, de les détacher du mal, de les con-
« quérir à la vertu, en s'offrant à notre rencontre,
« les mains toutes pleines de grâces, dans les cir-
« constances les mieux trouvées et les occasions les
« plus providentielles. L'Eglise applique à Marie ce
« texte des saintes lettres : *In viis ostendit se illis*
« *hilariter, et in omni providentiâ occurrit illis.*
« LES ORIGINES DE NOTRE-DAME-DE-BON-ENCON-
« TRE s'imposent à une respectueuse croyance par
« l'analogie qu'elles ont avec celles de la plupart
« des pèlerinages les plus accrédités. J'y retrouve
« le mode accoutumé de ces manifestations extra-

« ordinaires ; et d'ailleurs les acteurs qui figurent
« dans ce récit sont de ceux qui ont déjà reçu leur
« consécration dans les saintes écritures.... C'est
« un berger enfant qu'on voit intervenir à la nais-
« sance de ce pèlerinage, comme à celle du royaume
« d'Israël, et comme intervinrent aussi les bergers
« à la naissance du Christ. C'est en outre un bœuf,
« dont la posture obstinément suppliante indique
« une sorte de vénération devant un objet mysté-
« rieux. Rien de nouveau pour nous. Pourquoi le
« tranquille animal n'aurait-il pas discerné l'image
« de Jésus entre les bras de sa mère, lui qui a re-
« connu et vénéré son maître dans la crèche?
« *Agnovit bos.... præsepe Domini sui.* Enfin, c'est
« un buisson qui est le centre du prodige ; un buis-
« son qui ne veut pas lâcher son trésor, qui le ré-
« clame et le reconquiert miraculeusement, qui ne
« s'en séparera point, sinon lorsqu'un sanctuaire
« s'élèvera sur son emplacement même. N'est-ce
« pas dans un buisson qu'il fut donné à Moïse de
« voir le Seigneur, dans un buisson miraculeux qui
« brûlait et ne se consumait pas? Après tant d'au-
« tres récits de l'Écriture et de la tradition, ma
« piété ne trouve ici rien de malaisé à croire. *La*
« *charité*, dit saint Paul, *croit très-volontiers toutes*
« *choses*, c'est-à-dire, comme l'explique saint Fran-
« çois de Sales, *les âmes aimantes et bien faites*
« *ont plus de disposition et trouvent plus de suavité*

« à croire qu'à douter ; elles ne pensent pas
« aisément qu'on mente, et s'il n'y a des mar-
« ques apparentes de fausseté en ce qu'on leur re-
« présente, elles ne font pas difficulté de l'admettre,
« surtout quand il s'agit de choses qui exaltent et
« qui magnifient l'amour de Dieu envers les hom-
« mes. » — Enfin, L'HISTOIRE DE NOTRE-DAME DE-
« BON-ENCONTRE, c'est un témoignage divin qui
« se perpétue d'année en année, le témoignage des
« miracles, le témoignage des guérisons corporel-
« les et spirituelles, et par suite le témoignage
« d'une affluence de visiteurs suppliants ou recon-
« naissants, qui se grossit d'âge en âge. C'EST ICI
« UN SIGNE DÉCISIF. Voilà notre grand motif de
« crédibilité. Notre garant, notre vrai témoin, c'est
« Dieu, Dieu lui-même, Dieu qui n'est jamais
« complice du mensonge et qui a authentiquement
« autorisé ce lieu de dévotion par une multitude
« de prodiges. Soyez donc, mille fois bénie, ô
« NOTRE-DAME-DE-BON-ENCONTRE, de vous être
« placée si à propos sur notre chemin et d'être
« venue si providentiellement au-devant de nous ! ! »

C'était par de telles considérations que les gar-
diens du sanctuaire s'animaient à poursuivre l'œuvre
commencée en l'honneur de la bienheureuse Vierge
par le Père Convers, le 13 avril 1854, jour mémorable où fut bénie la première pierre de la nouvelle église. Héritier des pieux projets de cet homme

de Dieu, et animé d'un égal dévouement pour la gloire de Marie, son digne successeur eût voulu sur ces fondements ainsi sanctifiés par la prière, élever un temple où toutes les richesses de l'art fussent étalées avec magnificence. O Reine du ciel et de la terre, tous les hommages qu'on pourrait vous rendre s'élèveront-ils jamais à la hauteur de votre dignité sublime ? Pour subvenir, au moins en partie, aux frais que nécessitait cette pieuse entreprise, l'organisation d'une loterie fut proposée à Mgr l'Évêque d'Agen. Ce projet, accueilli avec faveur et fortement appuyé par le vénéré prélat, modifié, puis repoussé par le gouvernement, rencontra de sérieux obstacles, et l'on put craindre qu'il ne fallût y renoncer. Mais il est au ciel un saint qu'on n'invoque jamais en vain, et à qui Dieu a confié, à Nazareth d'abord, et dans la suite des temps, ce qui regarde l'honneur de sa Sainte Mère. On eut donc recours à saint Joseph. Pendant que le zélé pontife et la Société de Marie poussaient activement les démarches extérieures, propres à obtenir le résultat désiré, on fit, à la même fin, solennellement, pendant les trente-un jours du mois de mars, de pieux exercices en l'honneur du chaste époux de la bienheureuse Vierge. Le 31 avril 1856, l'autorisation arriva. Touchante et délicate attention de l'auguste protecteur dont on avait sollicité l'appui ! Dès le soir du même jour, à l'ouverture des exercices du mois de Marie , on put annoncer cette bonne nouvelle à la population et aux pèlerins qui en furent pénétrés de reconnaissance. Désormais, à Bon-Encontre, les noms de Marie et de Joseph seront inséparables dans les cœurs des fidèles , comme ils le furent éternellement dans les plans de la divine Providence , comme ils le seront dans les siècles des siècles !

Ici nous retrouvons encore, avec une véritable consolation, avec un légitime orgueil, la noble cité d'Agen se mêlant, par l'élite de ses prêtres, de ses magistrats, de ses citoyens, à l'intervention céleste, et se prêtant religieusement aux vues du Seigneur. Pourquoi n'imiterions-nous pas nos devanciers, qui ont proclamé, à la face du ciel et de la terre, tous ceux qui ont concouru à la gloire de l'auguste sanctuaire de Notre-Dame ? Ce sont des titres de noblesse pour les familles ; servir Dieu, c'est régner ; c'est une leçon et une sauvegarde pour les descendants ; car noblesse oblige ; c'est de plus un devoir de reconnaissance pour l'historien de Bon-Encontre. La loterie fut placée sous le haut patronage de Mgr l'Évêque d'Agen, de M. le Préfet de Lot-et-Garonne, de M. le Maire d'Agen, et de M. Sorbier, premier Président de la Cour impériale, auxquels s'adjoignirent MM. Henri Noubel, député; Pouydebat, secrétaire-général de la Préfecture ; Manec, vicaire-général ; Lepescheux, inspecteur d'académie ;

Deyche, chanoine, curé de la cathédrale ; Caumont, chanoine ; Bessières, directeur des contributions directes ; de Lugat, membre du conseil municipal et du conseil de fabrique ; Cazenove de Pradines, président de la Société d'agriculture, sciences et arts d'Agen ; Sanson, chef de division à la Préfecture. Bientôt la commission instituée pour la reconstruction de l'église de Notre-Dame, à la tête de laquelle se trouvaient MM. Bordes, vicaire-général ; Baret, chanoine ; Delbrel, chef de division à la Préfecture, lança son manifeste pacifique et fit un appel aux sentiments religieux du pays. « Il est, disait la « Commission, des monuments que les populations « chrétiennes saluent avec enthousiasme comme la « gloire des contrées qu'elles habitent, comme leur « plus douce espérance dans les jours mauvais, et « comme une source féconde des prospérités publi- « ques. Le seul aspect de ces monuments tradi- « tionnels réjouit les cœurs ; et leur nom, entendu « loin du toit paternel, réveille subitement dans les « âmes tous les souvenirs de la terre natale, toutes « les affections de la famille, de la religion et de « la patrie. L'existence de ces monuments sacrés « doit être regardée comme un des plus signalés « bienfaits de la Providence, et s'intéresser à leur « conservation, c'est travailler au bonheur des peu- « ples. Tel est le vénéré sanctuaire de Notre-Dame « de Bon-Encontre. » Ici la Commission rappelait

sommairement toutes les grâces qu'il a plu à Dieu de
répandre par les mains de Marie dans cette enceinte
sacrée, dont l'attrait se fait sentir même au cœur
qui n'a pas la foi ; elle montrait en particulier l'ange
de la mort, qui répandait naguère le deuil et l'effroi
sur toute la France, s'arrêtant subitement au signe
de la Vierge clémente, le jour où la cité d'Agen vint
tout entière s'agenouiller, en pleurs, sur le parvis
sacré. Elle s'adressait ensuite au vénérable clergé
agenais, *dont le berceau clérical a été placé, en
quelque sorte, à l'ombre tutélaire de l'autel de
Notre-Dame de Bon-Encontre.* « De plus, disait-
« elle, par sa position, par le voisinage du chef-
« lieu, où tout aboutit dans l'ordre civil et dans
« l'ordre religieux, ce sanctuaire est, en quelque
« sorte, le centre moral, le cœur du diocèse. »
Puis elle ajoutait : « L'église de Notre-Dame de
« Bon-Encontre est donc l'église de tous, une église
« en quelque sorte diocésaine et départementale. Ne
« répudions pas l'héritage de confiance filiale et de
« religieux dévoûment que nous ont légué nos pè-
« res. Cette église doit être de plus le monument
« commémoratif de la proclamation du dogme si con-
« solant de l'Immaculée Conception ; ne souffrons
« pas que cet auguste édifice reste inachevé. » Ce
ne fut pas la seule fois que la Commission, par l'or-
gane de son président, M. Bordes, fit entendre des
paroles brûlantes de filial dévoûment pour Marie.

Cette voix si respectée trouva un écho dans les cœurs, et bientôt, prêtres et fidèles, sur les pas du vénéré Pontife, dont il ne nous est pas permis de redire les généreuses libéralités, se mirent à l'œuvre avec zèle, et prêchèrent, par leur exemple autant que par leur discours, la croisade en l'honneur de la Vierge Immaculée. Toutefois, soit à cause de la difficulté des temps, soit par suite d'une certaine lassitude, dont les meilleurs esprits peuvent être atteints, la loterie ne réussissait pas au gré des désirs de la commission.

On se souvint alors de saint Joseph : déjà ce grand saint invoqué une seconde fois publiquement, dans les exercices du mois de mars 1857, s'était montré favorable aux vœux qui lui avaient été offerts, et l'on aimait à faire honneur à sa protection d'une offrande pieuse échue au sanctuaire de Marie. Une femme chrétienne de Marmande, en proie aux dernières souffrances, avait tourné ses yeux mourants vers la Vierge de Bon-Encontre, et lui avait légué, avec son cœur, une somme de dix mille francs.[1] Cette faveur de saint Joseph n'était pas seulement un bienfait, c'était encore, de sa part, une espèce d'engagement. On résolut donc, dans l'embarras où l'on se trouvait, de redoubler de confiance et de ferveur dans la prière. Les exercices de 31 jours se firent, au mois de mars 1858, comme les années précé-

[1] Mlle Marie-Geneviève *Pomyers.*

dentes ; mais cette fois (pourquoi ne le dirions-nous pas?) *afin d'obtenir que la loterie produisît des ressources suffisantes pour élever les murs et mettre la toiture de l'édifice.* C'était demander *beaucoup* : un très-grand nombre de billets n'avaient pu être placés. Ce fut le 8 septembre 1858, dans la belle allée qui conduit au sanctuaire, que le tirage eut lieu, sous la présidence de M. le Préfet de Lot-et-Garonne, sous la surveillance du Conseil municipal, et en présence de la famille de M. le Préfet. Daignez, aimable Reine du jeune âge, inscrire dans votre cœur les noms des chers enfants, par les mains desquels vous avez mis dans l'urne votre blanche et douce main : Louis et Evariste Lallement, neveux de M. le Préfet, Alban Pouydebat, Louis Pimpeterre, Paul Delbrel, Abel Almon. *Saint Joseph exauça à la lettre la prière qui lui avait été adressée.* Ces détails, qui paraîtront peut-être minutieux à quelques-uns, réjouiront, nous en sommes sûrs, la piété des enfants de Dieu. Il est écrit quelque part : « Les billets du sort sont jetés dans l'urne ; mais c'est le Seigneur qui les fait tomber à qui il lui plaît. »

Tandis que, sous la protection du Ciel, les travaux matériels se poussaient avec activité, le travail invisible que la grâce opère dans les âmes se révélait par de touchantes manifestations, et Bon-Encontre voyait avec joie refleurir peu à peu les saintes traditions du passé. L'année 1858 sera célèbre désormais dans

les annales de cette église. « Jamais, disait une
« feuille publique, jamais peut-être depuis une épo-
« que néfaste que nous voudrions oublier, le sanc-
« tuaire n'avait été entouré d'hommages aussi una-
« nimes, aussi affectueux. » Le mois de mai fut surtout remarquable par le nombre de pèlerins, par le
caractère de piété qui se manifesta, par la splendeur
des processions d'Agen qui rivalisèrent de zèle et
d'élégance, par la multitude des communions (treize
mille environ), et des messes (environ huit cents),
par des conversions frappantes, des effets de grâce
extraordinaires, mais surtout par la réintégra-
tion des pèlerinages de long cours que 1793 avait
interrompus. Il faudrait remonter bien haut dans les
annales de Bon-Encontre, pour y trouver une fête
pareille à celle du mardi, 18 mai 1858. Ce jour-là,
avant sept heures du matin, une locomotive, ornée
de guirlandes et de banderolles, et suivie de nombreux wagons, annonce l'arrivée des Marmandais
auxquels sont venus se joindre quelques habitants de
Saint-Pardoux, d'Argenton et de La Sauvetat-du-
Drot. Encore quelques instants, et plus de mille pèlerins se déploient sur la place de la Cathédrale, au
son de la fanfare marmandaise. Toute la ville d'Agen
était sur pied pour recevoir les pieux serviteurs de
Marie ; on avait fermé les magasins comme en un
jour de fête ; les rues étaient encombrées. Avec la
plus grande peine, la procession des pèlerins put se

faire jour à travers cette multitude innombrable, et, plus d'une fois, ses rangs furent envahis et dispersés. Cette lutte de la piété des uns et de l'enthousiasme trop empressé des autres, n'a pas duré moins d'une heure et demie, dans tout le parcours de la route de Bon-Encontre.

Quelques soldats de la garnison veillaient à la porte du temple ; et tandis qu'une vive agitation se manifestait à l'extérieur, le calme le plus parfait allait régner dans le sanctuaire vénéré. Quoique la procession de Marmande dût arriver fort tard, dès quatre heures et demie, l'église s'était remplie de fidèles ; ils accouraient de tous les points du diocèse et se succédaient à la Sainte-Table sans interruption. Il semble que tout le pays eût voulu s'associer aux hommages des Marmandais, et applaudir à leur sainte et courageuse initiative : on évalue à 6,000 le nombre des étrangers accourus à cette fête. Beaucoup de prêtres, le Grand-Séminaire du diocèse, le collége Saint-Caprais avaient choisi ce jour pour venir offrir leurs prières et leurs sentiments de respectueuse tendresse à l'auguste patronne de la France. Bientôt le canon de la ville d'Agen, transporté à Bon-Encontre, retentit dans cet humble hameau et annonce l'arrivée des pèlerins de Marmande ; le clergé paroissial sort au-devant d'eux, et les conduit au sanctuaire, où les attendait le vénérable Évêque d'Agen si dévoué à Marie. Qui pourrait dire la religieuse allégresse qui illuminait les traits du prélat, pendant qu'au milieu des chants auxquels se mêlaient les accords de la fanfare, il célébrait les saints mystères pour cette portion si intéressante de son troupeau bien-aimé? La joie débordait dans son âme; car tel fut l'empressement des pèlerins à la Sainte-Table que le pontife, succombant à la fatigue, dut céder aux curés de Marmande et d'Astaffort le bonheur de distribuer le pain eucharistique.

S'associant à une manifestation dont il retirait tant d'honneur, le petit village de Bon-Encontre avait revêtu un aspect de fête. Un arc-de-triomphe élancé et très-gracieux avait été élevé pour recevoir les pèlerins. Sur le frontispice se lisaient ces paroles qui ont donné, il y a trois cents ans, naissance au pèlerinage : *Dieu nous donne Bon-Encontre !* En cette occasion, elles avaient de plus une signification délicate qui n'a dû échapper à personne. Là brillaient encore au milieu de touffes de verdure, les armes de la ville de Marmande, *de gueules à quatre tours d'argent, posées en croix; au chef d'azur, chargé de trois fleurs de lis d'or.* De chaque côté, était un cartouche au chiffre de Marie avec ces deux légendes : *Tour de David, lis des vallées;* idée non moins ingénieuse que touchante, qui plaçait les lis, et les tours de Marmande sous la protection du lis et de la tour mystique de la Vierge. Le soir, après le

chant des Vêpres, les pèlerins reprirent la route
d'Agen, où les attendait une nouvelle cérémonie.
Le curé de la Cathédrale, ravi de ces hommages
rendus à Notre-Dame-de-Bon-Encontre, était allé,
entouré de son clergé, à la rencontre des Marmandais. Mgr l'Évêque d'Agen avait voulu les bénir encore une fois dans son église, et du haut de la
chaire leur dire un dernier adieu. Son cœur débordait de joie, et il l'épanchait dans le cœur des pèlerins venus de si loin et avec tant d'empressement.
Il essayait de leur en témoigner sa reconnaissance,
car un grand exemple avait été donné ; et ce jour,
qui faisait revivre pour Bon-Encontre le souvenir
des plus célèbres pèlerinages, donnait à son cœur
d'Évêque l'espérance qu'il serait suivi de glorieux
anniversaires. Nous avons emprunté plusieurs des
détails que nous venons de reproduire au savant auteur de l'*Histoire religieuse et monumentale d'Agen ;*
mais il n'a pas dit que l'annonce seule de ce pèlerinage a opéré à Marmande des conversions, et que
le respectable clergé de cette ville a remarqué avec
bonheur dans les âmes, à l'occasion de cette fête,
un travail intérieur très-sensible dont tous ont fait
honneur à la bonté de Marie. Mais laissons au Ciel
ses secrets. Qui de nous a jamais douté de ce qu'il
y a de fort, d'efficace dans cette suave dévotion si
adaptée aux besoins du cœur de l'homme ?

Pendant que Marmande relevait ainsi dans le dé-

partement la bannière de Notre-Dame, à l'autre
extrémité un petit village situé sur la frontière du
diocèse de Montauban, saisi d'un enthousiasme
spontané après avoir entendu lire les *Gloires de
Bon-Encontre*, s'est levé comme un seul homme,
et, entraînant dans son religieux élan son propre
pasteur, a traversé sur le canal du Midi une portion du diocèse de Montauban enclavée dans celui
d'Agen. Partout on était touché, ravi de la joie
recueillie de ces humbles pèlerins, dont nulle impul-
sion extérieure n'avait sollicité la démarche; et
nous savons qu'à la vue de ce spectacle inusité, on
a dit : *Évidemment cette paroisse remplit une mission d'en haut.* — Sainte mission, qui est la résurrection, l'épanouissement, le rayonnement du culte
de Notre-Dame de Bon-Encontre dans le Langue-
doc, dans des contrées qui avaient désappris le
chemin du sanctuaire! Cette paroisse privilégiée [1]
a recueilli la première les heureux fruits de cette
dévotion envers la Mère de Dieu, et plusieurs hommes qui vivaient éloignés des sacrements, ont reçu
Jésus-Christ, sous les auspices de Marie, dans le
béni sanctuaire. Ils sont revenus une seconde fois,
ces édifiants pèlerins. Attiré par le ravissant spectacle que nous offrait leur recueillement, nous avons
suivi longtemps sur le rivage, en la compagnie de
leur bien-aimé Pasteur, l'immense bateau pavoisé

[1] *Coupel.*

qui les ramenait au village ; il nous semblait voir une église modeste mais radieuse glisser sur l'onde et dirigée par les anges ; nous *écoutions* avec respect *le silence* de tout ce peuple, interrompu d'espace en espace par une invocation des litanies de la Vierge, et l'*ora pro nobis* populaire, si touchant dans sa simplicité ; nous félicitions le Pasteur ; nous contemplions le saint épanouissement qui illuminait les traits des ouailles ; et lorsque le coche s'arrêta respectueux pour recevoir les derniers adieux et la dernière bénédiction d'un directeur du Grand-Séminaire, témoin de cette scène gracieuse, nous vîmes les têtes s'incliner et nous dire dans leur muet langage : *Nous reviendrons encore.* Puis le prêtre, notre compagnon, entonna le *Laudate,* et pendant que nous regagnions le hameau de Bon-Encontre, les pieux pèlerins, en continuant leur route, poursuivirent ce chant d'amour et de reconnaissance. C'est un des plus suaves souvenirs que nous ayons recueillis dans le chemin souvent si âpre et si monotone de la vie. Chers habitants de Coupet, vous serez pour votre pays ce que furent pour la Judée les heureux pasteurs de Bethléem, ces premiers apôtres du Verbe incarné ! Après le pèlerinage du mois de mai 1858, le curé fut si touché, si reconnaissant, qu'il reparut le lendemain aux pieds de la Vierge. Cette fois, dit-il, je viens *pour moi, pour moi seul,* et pour

remercier Marie de toutes les grâces accordées à ma paroisse. Pendant que les bons habitants de Coupet répandaient autour d'eux cette odeur de dévotion religieuse, dont leurs âmes avaient été imprégnées, dans le miraculeux sanctuaire, la Reine du ciel, comme pour leur témoigner sa maternelle bienveillance, accordait, peu de jours après, un soulagement tout à fait sensible à une personne de cette paroisse qui avait un membre paralysé.

Le 13 mai 1858, jour de l'Ascension, c'était la garnison d'Agen, qui, représentée par un grand nombre de militaires, se prosternait devant celle qui, tendre comme une mère, est terrible aussi comme une armée rangée en bataille. Ces soldats chrétiens exécutèrent en musique plusieurs chants religieux, reçurent avec foi la bénédiction du Très-Saint-Sacrement, et terminèrent leur visite par une consécration à la Mère de Dieu. Nous savons que des yeux se sont mouillés de larmes, à la vue de ce spectacle. On ne peut nier que les grands exemples religieux dont il a été le témoin, n'aient développé avec force dans l'âme du soldat ce sentiment intime, qui nous pousse au culte de Marie. La médaille du maréchal Canrobert, le scapulaire du maréchal Saint-Arnaud, la parole célèbre du duc de Malakoff reportant à la Sainte-Vierge l'honneur de sa victoire, l'image de la Mère de Dieu arborée sur la flotte, tous ces souvenirs ont fait autant de bien à nos soldats, que leurs boulets et leurs baïonnettes ont fait de mal à l'ennemi.

Le 22 mai, Mgr l'Évêque d'Agen voulut dire lui-même la messe pour ces bons militaires qui étaient revenus une seconde fois, et pour MM. les membres de la conférence de Saint-Vincent-de-Paul, qui tint le même jour une de ses séances à l'ombre du sanctuaire, sous la charmille séculaire des Pères Maristes. Bon-Encontre a vu aussi avec joie prier dans l'enceinte de l'église, de nombreuses députations venues de villes, qui, depuis longtemps, ne s'étaient pas fait représenter aux pieds de la Reine du ciel, et à la tête desquelles doit se placer Port-Sainte-Marie ; cette *ville de la Sainte-Vierge*. Il fut vraiment un mois de restauration, ce beau mois de mai 1858 ! Revenant à un touchant usage qui avait été interrompu, le Petit-Séminaire se rendit en procession, le dernier jour, à la tombée de la nuit, au temple de Marie, pour clôturer cette longue solennité qui consacre à la plus aimable des mères la plus riante saison de l'année.

Mais voyez ces wagons frémissants qui suspendent subitement leur course rapide et laissent s'épancher de leur sein, sur les bords du Canal et sous de frais ombrages, des multitudes parées et joyeuses qui prient, qui chantent, qui balancent des oriflammes et s'avancent vers le sanctuaire par des voies jusque-là silencieuses et désertes! Honneur à la paroisse de Puch qui, la première, a su commander à ces impétueuses locomotives de s'arrêter respectueusement en face de la maison sacrée de Marie, et qui a su s'en faire obéir, grâce à la bienveillance de l'administration! Ainsi ont été laissées de côté ces troupes indisciplinées d'importuns, de désœuvrés, d'indiscrets qui abondent dans les villes, et qui s'attachent aux flancs des processions, comme la terre humide s'attache aux pieds du voyageur. Honneur à la paroisse de Puch qui, la première encore, a réintégré les grands pèlerinages du mois de septembre que 1793 avait fait cesser! O Marie! votre bonté ne s'étend-elle pas sur toutes les saisons comme sur tous les lieux? Et la couronne de fleurs que nous déposons sur votre front virginal chaque année, au mois de Mai, ne pourrait-elle être renouvelée par nos mains filiales et reconnaissantes? Pourquoi la laisser flétrir autour de votre tête? Ne saurions-nous donc vous aimer, vous bénir, vous louer, vous implorer, ô la plus aimable, ô la plus aimante des mères, que pendant la douzième partie de notre vie? Il était digne du prêtre fervent qui a offert à la Vierge-Immaculée un bouquet formé des louanges des saints Pères,[1] d'inaugurer dans le diocèse une dévotion nouvelle. Il s'en est félicité, nous le savons, et cette journée

[1] *Mois de Marie*, d'après les Pères.

entière donnée aux exercices pieux, à la prière, à
de paisibles promenades, a été plus profitable à son
peuple qu'une bruyante et rapide apparition, qui eût
été accompagnée de fracas et de tumulte. Cet exemple ne sera pas perdu ; bientôt nous verrons
s'avancer à la même époque, et par la même voie,
l'admirable et magnifique procession de Tonneins,
avec ses sept cents pèlerins, sa Société de Saint-
Vincent-de-Paul, beaucoup d'hommes, une multitude de jeunes filles vêtues de blanc. C'est un des
plus édifiants, un des plus recueillis pèlerinages
qui se soient vus à Bon-Encontre. Bien des cœurs
furent attendris, lorsque, après cette délicieuse
journée, le vénéré Pasteur prosterné aux pieds de
la Très-Sainte-Vierge, s'écria : « O Marie ! une
« pauvre mère, désolée et confiante, conduisait
« ici, il y a 50 ans, son enfant malade et ob-
« tenait sa guérison de votre tendresse. Il tardait
« à celui que vous avez protégé et qui était venu
« souvent en particulier vous témoigner son amour,
« de vous offrir publiquement sa reconnaissance
« dans votre saint temple, et de vous présenter
« le peuple que le ciel lui a confié. » C'était lui-
même ! Puis, avec des paroles brûlantes, il con-
sacra sa chère paroisse à la Mère de Dieu, et la
procession se remit en marche. L'hiver a eu aussi
ses pèlerins. C'était le 12 janvier 1859 : Il faisait
un froid très-rigoureux ; à 8 heures du matin, le

respectable curé de Saint-Cirq arrivait à Bon-Encontre, conduisant à l'autel de la Reine du jeune
âge les enfants qui, la veille, avaient fait leur
première communion, et un bon nombre d'habitants de sa paroisse, dont 150 environ s'appro-
chèrent de la Sainte-Table. Les enfants eux-mêmes
reçurent une seconde fois le pain eucharistique,
pour mettre leurs résolutions sous la sauvegarde
de Marie, et lui recommander leur avenir et
leur persévérance. Courageux pèlerins, votre auguste protectrice vous tiendra compte de votre long
et pénible voyage ; la douce Vierge agrée avec
bienveillance les fleurs printannières qu'on lui
offre ; mais les fruits de la mortification sont bien
plus agréables à son cœur, et elle s'incline surtout
vers ceux qui savent souffrir quelque chose pour
son amour. Ce n'est pas, du reste, la seule fois que
de pieux enfants de Marie joignent le sacrifice à la
prière. Nous savons que des femmes faibles et dé-
licates ont accompli nu-pieds leur rude et fervent
pèlerinage, et nous avons vu une personne zélée et
courageuse, faire à pied un voyage de 30 lieues,
pour la conversion d'une âme qui lui était chère.
Marie pourrait-elle être insensible à des demandes
si pures et si généreuses ?

Le 4 juillet 1858, un vénérable prélat, Mgr Mio-
land, archevêque de Toulouse, était attendu au
sanctuaire de Bon-Encontre que d'antiques et pré-

cieux souvenirs rattachent à l'histoire religieuse de
ce diocèse. Il se faisait une sainte joie de célébrer
les sacrés mystères dans la chapelle miraculeuse
dont il avait étudié avec intérêt les origines, lorsqu'il fut arrêté par la mort d'un de ses collègues,
Mgr l'Évêque de Pamiers, aux funérailles duquel il
dut présider en sa qualité de métropolitain. Deux
fois encore, il forma le projet si cher à sa piété,
deux fois la mort rompit encore ses desseins, en
renversant d'abord à ses côtés un prélat retiré dans
sa ville archiépiscopale, puis hélas ! en frappant sur
lui son dernier coup !... « La volonté de Dieu,
« dit-il, au moment où l'apoplexie le foudroya,
« rien que la volonté de Dieu ! » Ce fut sa parole
suprême ; elle résume toute sa vie. O miséricordieuse et puissante Reine du clergé ! une des dernières pensées du prélat fut pour votre auguste
sanctuaire !

La Vierge de Bon-Encontre a vu à ses pieds un
autre pontife, Mgr Bataillon, de la société de Marie,
l'apôtre de Wallis, le premier vicaire apostolique de
l'Océanie centrale. L'évêque missionnaire avait été
rappelé en Europe par les intérêts de son Eglise
naissante, et il ne voulut point en repartir sans avoir
visité le sanctuaire à l'ombre duquel plusieurs de
ses collaborateurs s'étaient formés aux vertus et aux
fatigues de l'apostolat, et sans avoir offert à Notre-
Dame l'hommage de sa reconnaissance! Elle lui

était due à tant de titres !... Qui ne serait attendri
en entendant raconter une des grâces signalées que
cette bonne Mère daigna accorder à son enfant. La
foi s'établissait avec lenteur à Wallis. Après de
longs et rudes travaux, le T.-R. P. Bataillon n'avait
pu décider à se faire instruire qu'une faible partie
de la peuplade ; le grand nombre des habitants, au
lieu de se rendre, s'irritèrent de voir leurs frères
abandonner les dieux. Déjà les plus exaltés pous-
sent des cris de vengeance et mettent les armes aux
mains de tous. La nouvelle du danger s'est bientôt
répandue ; la frayeur saisit les catéchumènes, qui,
incapables de se défendre par la force, viennent demander secours et protection au ministre de Dieu,
pour la cause duquel ils se trouvent exposés à la
mort. Le P. Bataillon a placé sa confiance en celui
qui l'envoie ; il prie Marie, car c'est sous sa puissante sauvegarde qu'il a placé les intérêts de sa
mission. L'assurance qu'il tire de sa foi ne tarde
pas à faire sur le faible troupeau une heureuse
impression et à calmer les premiers transports de
l'épouvante ; et pour les mieux établir sous la protection de la Reine de l'Océanie, il se hâte de faire,
avec un lambeau d'étoffe qu'il trouve sous sa main,
un étendard blanc sur lequel il adapte sa douce
image. Lorsqu'il a élevé sur leurs têtes ce signe de
ralliement et ce gage d'espérance, il s'écrie, saisi
d'un enthousiasme prophétique : « Ayez confiance,

« mes enfants ; il ne vous sera fait aucun mal ;
« nous allons faire le tour de l'île et la conquérir à
Jésus-Christ. » En même temps, il lève la main
pour les bénir ; tous se prosternent et se relèvent
rassurés et consolés. Le bon Père établit l'ordre
dans leurs rangs et leur assigne les positions les
plus opportunes selon leur âge et leurs forces ; il
leur recommande de réciter sans interruption le
chapelet, la prière qui invoque à cris multipliés la
puissante Marie pour l'heure présente, l'heure du
danger et du besoin ; et tandis que ces voix d'enfants, de femmes, de guerriers et de vieillards, font
monter vers son trône l'ardent concert de leurs sup-
plications, le missionnaire, armé de son chapelet et
de sa croix, s'avance seul du côté de l'ennemi, et
levant l'étendard sacré vers le ciel, il adjure, au nom
du Dieu vivant, l'esprit des ténèbres de céder enfin
à Jésus-Christ cette terre, sur laquelle il règne depuis si longtemps , pour le malheur des infortunés
qui l'habitent. « Voici la croix de Jésus, ô ennemi !
« sois mis en fuite ! Cède au ministre de ton vain-
« queur, qui t'a précipité dans l'abîme ; fuis dans
« le chaos de la nuit éternelle ! Que Dieu se lève,
« et que ceux qui le haïssent soient dissipés à
« jamais ![1] » A ce spectacle inattendu d'un homme
seul et sans armes, qui n'oppose à leur fureur que la
majesté de la foi, l'étonnement saisit les idolâtres ;

[1] Prière de l'Église.

ils cessent d'avancer. Vainement les plus exaltés s'excitent mutuellement les uns les autres et se reprochent leur frayeur. « En avant ! Mort à l'ennemi de nos dieux ! Lâches ! qui vous arrête ! » Ces cris demeurent sans écho ; personne n'ose affronter le prêtre que Dieu couronne de terreur. Ils gardent cependant leurs rangs et leurs armes, et attendent, partagés entre la crainte et le désir de la vengeance. Le lendemain, même effroi et même obstination. Les tribus fidèles passent le temps à prier, et chaque instant de cette lutte silencieuse qui se prolonge, ranime leur espoir ; ils oublient, à l'exemple de leur généreux Père, la faim qui les tourmente, et la pluie contre laquelle ils ne sont abrités que par le feuillage des cocotiers. Enfin, après trois jours et trois nuits d'alarmes, l'ennemi, découragé, se débande, sans avoir même songé à essayer si la poitrine du missionnaire est à l'épreuve de la flèche, comme son âme est à l'épreuve de la peur. La chrétienté naissante était sauvée.

Mais la première partie seule de la prédiction du Père s'est accomplie : Dieu n'a opéré que le commencement du prodige ; il faut remporter pleinement la victoire ; il faut passer hardiment sur le territoire ennemi, et faire régner la croix sur les hommes qui voulaient la noyer dans le sang des fidèles. Ce n'est pas la première fois que Dieu a changé, le soir, en doux agneau le loup féroce qui, le matin, s'élançait sur sa proie. Le P. Bataillon, animé d'une confiance surhumaine en la puissance qui opère ces prodiges, prend dans le petit troupeau deux hommes bien disposés, et s'avance vers un village d'idolâtres, qu'il espère gagner plus aisément, en laissant plusieurs derrière lui, qu'il sait devoir opposer à ses efforts une plus grande résistance. Après trois heures d'entretien, le chef est entraîné, et il se décide, avec tous les siens, à se faire inscrire au nombre des catéchumènes. Le missionnaire envoie chercher tout son troupeau, qui, heureux d'une si bonne nouvelle, accourt avec empressement sous la bannière de Marie. Ils se rangent en cercle et reçoivent, pleins d'allégresse, le serment solennel que leurs frères nouveaux viennent successivement faire au milieu d'eux, d'écouter les instructions et de se préparer au baptême. Un second village est abordé de la même manière, et conquis avec le même bonheur. La troupe chrétienne continue sa marche pacifique, en rendant grâce à Dieu. Le reste de la population céda bientôt à l'entraînement général, et le tour victorieux de l'île, promis au nom de Dieu, fut achevé en célébrant avec transport la grande bonté du Seigneur et la puissante intercession de Marie. Quand on demande aux idolâtres pourquoi ils s'étaient arrêtés devant un homme sans défense : *Nous sentions, en le voyant*, répondent-ils, *notre ventre tomber par terre.*

On comprend, après ce récit, quelles durent être la ferveur, l'amour et la reconnaissance du prélat missionnaire, lorsqu'il lui fut donné d'épancher son âme dans le sanctuaire miraculeux et devant l'image vénérée de celle qui, en ces solennelles circonstances, avait si bien été pour lui *Notre-Dame de Bon-Encontre*. « O Marie, ô souveraine trésorière et distributrice des dons célestes, qu'il fait bon d'être « du nombre de ceux qui vous aiment et qui « vous invoquent, qui placent en vous leurs espé-« rances et qui remettent leurs intérêts entre vos « mains ! [1] »

Mais, voici le grand jour de Bon-Encontre qui va venir, jour tel qu'il ne s'en est jamais vu depuis l'origine du pèlerinage, tel que difficilement il s'en reverra de semblable dans la suite des siècles ! !... Une église d'un style pur et vraiment religieux est sortie du sol comme par enchantement, et Mgr l'Évêque d'Agen a résolu de donner à la consécration du temple de Marie une solennité extraordinaire, un éclat inusité. Sur la demande du prélat, Son Eminence Mgr le cardinal Donnet, archevêque de Bordeaux, et Nos Seigneurs George, évêque de Périgueux et de Sarlat ; Forcade, évêque de la Basse-Terre (Guadeloupe) ; Cousseau, évêque d'Angoulême ; Pie, évêque de Poitiers ; Landriot, évêque de La Rochelle et de Saintes ; Delamarre, évêque de Luçon,

[1] Mgr *Pie.*

ont consenti avec un pieux empressement à accomplir en corps l'auguste cérémonie. Ici, nous serions tentés de nous écrier avec les prophètes du Seigneur : « Lève-toi, Jérusalem, et sois toute brillante de clarté : car ton jour est revenu! La gloire de Dieu t'illumine de ses splendeurs, et les peuples vont marcher à ta lumière. Jette les yeux autour de toi et regarde! Quelle foule compacte! C'est pour toi qu'ils sont venus! Les étrangers eux-mêmes veulent réédifier tes murs. Voici les enfants de ceux qui t'avaient délaissée, les voici, prosternés devant toi, vénérant les traces de ton passage, t'invoquant, ô cité mystérieuse, ô cité de Dieu, ô Sion du sein d'Israël !... Et tes portes se rouvrent, pour ne plus se fermer... Et je t'établirai dans une gloire qui ne finira jamais, et dans une joie qui durera dans la succession de tous les âges. Le salut environnera tes murailles, et les louanges retentiront à tes portes. Lève-toi, Jérusalem! Dépouille-toi de la robe de deuil et d'affliction, et revêts-toi d'éclat et d'honneur, et de la gloire éternelle qui te vient de Dieu. Dieu montrera sa splendeur en toi, à tout ce qui est sous le ciel, et voici le nom dont il te nommera pour jamais : Le centre de la paix et de la justice, le trône et la gloire de la piété ! [1] » C'était le dimanche, 11 septembre 1859, fête du saint nom de Marie.

[1] *Isaïe, Baruch.*

Vers six heures et demie, une brillante cavalcade et le bruit du canon annoncent l'arrivée à Bon-Encontre du cardinal et des prélats consécrateurs. Le village était paré avec goût et métamorphosé en une cité de fleurs et de verdure, dont trois arcs-de-triomphe, placés aux extrémités, formaient les portiques ; les avenues étaient enlacées dans de gracieuses guirlandes ; cent oriflammes aux couleurs de la Vierge se balançaient dans les airs ; la douce image de Notre-Dame de Bon-Encontre, répétée plusieurs fois, sortait du milieu des fleurs et semblait sourire à ces naïves inventions de la piété filiale, et bénir la foule joyeuse et recueillie qui circulait à flots pressés sous ces élégants portiques. Plusieurs inscriptions, en l'honneur de la Mère de Dieu, se déroulaient çà et là entre des bordures de feuillage. Au sommet d'une des portes principales de la cité factice, on lisait ces mots qui rappellent tous les bienfaits qu'a versés en ces lieux la puissante protection de Marie : *Hæc porta Domini.* L'arc-de-triomphe, s'ouvrant sur la cour des Pères-Maristes, portait au frontispice ce texte des livres saints : *Principes familiarum leviticarum afferte arcam in loco qui ei præparatus est,* dont l'application est saisissante : *Princes des lévites, apportez l'arche dans le lieu qui lui a été préparé.* C'était en trois paroles l'objet, le but, la description de la fête. Enfin, la riche façade de l'église, dépouillée pour la première fois, depuis quelques heures seulement, des échafaudages qui la masquaient aux regards, étalait sa brillante architecture, et l'on voyait resplendir au point culminant une statue de la Vierge-Immaculée, don d'un zélé serviteur de Marie, exécutée sur le modèle même de celle que donna aux évêques Sa Sainteté Pie IX, le jour où fut défini le dogme de l'Immaculée-Conception ; ainsi l'avait ordonné Mgr de Vezins, expression touchante d'un des sentiments les plus intimes du respectable prélat ! La sainte cérémonie de la Consécration commença vers sept heures. On sait que l'Eglise déploie en ces occasions toutes les magnificences du culte. De longues heures suffisent à peine aux hymnes, aux processions, aux chants, aux onctions, aux prostrations, aux encensements que prescrit et multiplie la liturgie. Mais, comme autrefois dans le Saint des Saints, le voile du mystère dérobe aux simples fidèles ces religieuses splendeurs, et l'on voyait seulement apparaître de temps en temps au-dehors, comme des anges de Dieu, les Pontifes et les Prêtres répandant autour de la maison destinée au Seigneur, leurs prières et leurs bénédictions. Son Eminence Mgr le Cardinal, et Nos Seigneurs les Evêques de Périgueux et de La Rochelle, revêtus de leurs insignes, accomplirent simultanément les rites sacrés. Outre le maître-autel, les Évêques, par une exception assez rare, consacrèrent deux autres autels, l'autel de la chapelle de l'*Invention*, à l'endroit même où a été apportée par les anges, il y a trois cents ans, la *Madone miraculeuse*; et l'autel de saint Joseph, dont la protection souvent invoquée s'était fait sentir d'une façon vraiment merveilleuse, au milieu des difficultés et des embarras de la construction nouvelle. Le supérieur des RR. PP. Maristes lui avait promis, pour mériter son assistance et reconnaître ses bienfaits, de lui ériger, dans une des nefs latérales, le premier autel qui serait élevé, et de répandre, de toutes ses forces, son culte et sa dévotion. Puis, Son Eminence Mgr le Cardinal de Bordeaux célébra la messe pontificale, chantée par la Société chorale d'Agen. Nous devons renoncer à parler du discours de l'illustre successeur de saint Hilaire, Mgr Pic, évêque de Poitiers. Les allocutions de l'éloquent prélat ne s'analysent pas; on les cite textuellement. Les échos de la presse catholique ont répété ce magnifique discours, l'hymne le plus harmonieux qui ait été composé en l'honneur de Notre-Dame de Bon-Encontre; il est entre les mains de tous : c'est un monument de granit qui défiera tous les siècles. Qui n'a tressailli en entendant ces mots du prélat : « Voit-on dans les annales des « plus illustres sanctuaires du monde chrétien rien « de plus solennel que ce qui s'accomplit sous vos « yeux à cette heure? Les âges les plus reculés re- « diront qu'à la suite de nos tempêtes religieuses, un » second temple infiniment plus ample, plus élégant,

« plus riche que le premier, ayant été élevé ici par
« le concours généreux d'un noble Prélat, de son
« pieux clergé et de tout son diocèse, ce fut un
« Prince de l'Église romaine, assisté de l'Épiscopat
« de toute la province, ce furent les Pères du pre-
« mier Concile d'Agen, escortés de leurs théolo-
« giens et des députés de leurs églises, qui vinrent
« célébrer sa dédicace solennelle. Illustre cité d'A-
« gen, présente ici par l'élite de tes magistrats et de
« tes citoyens, il te sera permis d'être fière de tes
« grands souvenirs. Ne sois pas jalouse, noble cité,
« de cette journée passée tout entière hors de tes
« remparts ; car ce sanctuaire est le tien, c'est la
« plus riche perle de ta couronne ; c'est le palais de
« ta Reine, de ta Mère, de la gardienne de tes foyers ;
« tu le considères comme faisant partie intégrante
« de tes murs ; et aucun titre d'honneur, aucun sujet
« de joie ne te seraient suffisamment acquis, si tu
« ne les partageais avec lui. D'aujourd'hui donc,
« lui aussi sera plus saint et plus fécond encore que
« par le passé ; et, après que ses portes, ses murs,
« ses autels ont été oints et consacrés par tant de
« mains pontificales, il s'y amassera un plus riche
« trésor et il s'y fera une plus large effusion de bé-
« nédictions et de grâces. O admirable progrès !
« merveilleux épanouissement des œuvres divines !
« Qui l'eût dit, qui l'eût pensé, que la modeste sta-
« tue, trouvée dans ces broussailles par un pauvre

« berger, serait un jour placée dans un temple si ma-
« gnifique, avec un pareil concours et une pareille
« solennité? » Ailleurs le Prélat développe avec un
admirable talent, et une doctrine plus admirable encore, comment le sort éternel de l'homme dépend de
la rencontre qui s'opère entre la grâce et le libre ar-
bitre, et comment intervient Marie pour que le secours divin, arrivant à propos, entraîne notre as-
sentiment sans le violenter. Puis il s'écrie : « Et de
« la sorte, ô notre Mère, ô Vierge de Bon-Encontre,
« vous serez véritablement et en dernier ressort
« l'ouvrière de notre salut. Mes frères, la vieille mère
« du petit berger n'avait pas songé, sans doute, à
« ces profondes significations. Mais puisque l'Ecri-
« ture elle-même, au témoignage de saint Augustin,
« offre, à ceux qui la scrutent, des interprétations et
« des sens que l'esprit de Dieu, qui sait tout et qui
« voit tout, a prévus et a voulus, bien que l'écri-
« vain inspiré n'en ait pas eu peut-être la cons-
« cience, tenez pour certain, M. F., qu'il entrait dans
« les desseins et dans les prévisions de Dieu que la
« parole proférée ici, il y a trois siècles, et transmise
« depuis lors de bouche en bouche, recevrait au-
« jourd'hui devant cette imposante assistance ce
« commentaire et ce développement. »

Nous sommes obligés de nous imposer des limites
et de ne pas multiplier les citations; mais ce que
nous sommes impuissant à reproduire, c'est l'émou-

vant spectacle de cette assemblée d'élite suspendue, religieuse et charmée, aux lèvres du pontife, qui plie le langage à la pensée avec autant de facilité, qu'il insinue la doctrine et la vérité dans les âmes. Jamais hommages plus universels et d'une plus haute signification n'avaient été rendus à Marie dans son sanctuaire de Bon-Encontre. La commune y était représentée par son maire, la cité d'Agen par son premier magistrat, l'Etat par le dépositaire de l'autorité dans le département, les fidèles par des ecclésiastiques de seize diocèses différents, et entre autres des diocèses de Paris, de Lyon, de Londres ; le clergé régulier par des membres de sept congrégations religieuses, ayant à leur tête le T.-R. P. général de la Congrégation du Saint-Cœur-de-Marie, Le T.-R. P. Schwindenhammer ; le diocèse par son premier pasteur, la province et l'épiscopat par huit évêques, les pays étrangers par un prélat missionnaire et deux délégués des îles lointaines (La Réunion, La Martinique) ; et enfin ce prince de l'Eglise, une des soixante-dix colonnes sur lesquelles aime à s'appuyer le suprême pontificat, ne représentait-il pas, aux pieds de la Vierge Marie, le Vicaire de Jésus-Christ lui-même, c'est-à-dire la catholicité tout entière. Salut! salut! salut! ô maison vénérée de la Vierge de Bon-Encontre, où tant d'hommages se sont mêlés en ce jour à tant de bénédictions!!! Et pourquoi ne parlerions-nous pas de ces bouquets de fleurs si riches, si variés, qu'un grand nombre de dames d'Agen, d'Auch, de Condom, de Toulouse, etc., avaient jetés avec profusion sur le marbre du sanctuaire ? Le sexe qui vous est dévoué, ô Vierge, ô Mère, pouvait-il rester étranger à ces solennelles manifestations ? Tout le monde admirait cet immense, ce splendide tapis, œuvre de piété autant que de goût, où chaque coup d'aiguille a été un acte d'amour pour Marie. Là encore se relisaient les origines respectables de Bon-Encontre ; et une patiente et délicate broderie avait reproduit, au milieu d'une guirlande de roses et de lis, la petite madone objet de notre culte ; le bœuf qui, par sa posture et son muet langage, reconnut le trésor de Dieu ; le buisson d'épines sur lequel Mgr de Poitiers a montré ce jour là même, avec tant de grâce, une abondante vendange dont la liqueur précieuse coule jusqu'à nous depuis trois siècles ; et l'humble pâtre qui, suivant le langage de l'éloquent orateur, ne fût pas devenu le *premier* de la famille s'il n'eût été le *dernier* de tous. Enfin, pour que rien ne manquât à cette fête pieuse, le berger favorisé du ciel semblait être sorti lui-même du tombeau pour rendre témoignage aux traditions de Bon-Encontre, et il assistait à cette auguste cérémonie par ses descendants, par le respectable médecin qui porte son nom. Touchante spécialité du pèlerinage de Bon-Encontre, qui a beaucoup inté-

ressé les vénérables prélats ! Après la messe, les
Pères du Concile, comme pour consacrer à la Mère
de Dieu leurs personnes, la sainte Eglise catholique, leurs diocèses, leurs travaux communs, et
comme pour donner une sanction nouvelle, authen-
tique, au pèlerinage de Bon-Encontre, ont tenu une
séance dans le temple qu'ils venaient de dédier en
l'honneur de Marie, et aux pieds même de la madone
miraculeuse. Les décrets qu'ils ont faits sur le culte
de la Vierge immaculée feront un jour tressaillir de
joie ses dévots serviteurs. Il nous a semblé entendre
plusieurs fois le nom de Notre-Dame de Bon-Encontre prononcé avec amour par le concile dans la
langue de l'Église, et nous rendions au Seigneur les
plus vives actions de grâces. Des messes furent cé-
lébrées, pendant toute la matinée, en plein air, sur
une estrade élevée, au milieu d'une affluence considérable et d'un saint recueillement, et un grand
nombre de pèlerins vinrent recevoir la divine Eu-
charistie, au pied de l'humble autel qu'ornait seulement la foi des assistants. Le soir, Mgr l'évêque
d'Angoulême, dans une paternelle, onctueuse et
instructive improvisation, développa aux fidèles qui
se pressaient autour de la chaire, les graves ensei-
gnements renfermés dans la cérémonie du matin.
Puis fut promulguée une grâce singulière, inappré-
ciable, émanée du trône pontifical à l'occasion de la
consécration de l'église, et l'on ouvrit le jubilé que

2

Sa Sainteté Pie IX, en témoignage de sa vénération profonde pour le sanctuaire de Notre-Dame de Bon-Encontre, daignait accorder aux fidèles. Pendant vingt-neuf jours ce jubilé devait faire de l'église de Bon-Encontre un pieux rendez-vous qui a reproduit, pendant le mois de septembre, mais d'une manière plus paisible, les religieuses merveilles du mois de mai; puissions-nous revoir encore ce touchant spectacle ! Enfin, le R. P. Dumont, supérieur des Maristes, donna lecture du rescrit pontifical expédié par Mgr le cardinal Antonelli, en vertu duquel l'église de Notre-Dame de Bon-Encontre est affiliée à la *Santa Casa*; et les pèlerins qui se rendent pieusement à Bon-Encontre, pour offrir leurs hommages à la Mère de Dieu, participent, à certains jours, aux mêmes priviléges, obtiennent les mêmes faveurs et gagnent les mêmes indulgences que les fidèles qui visitent en personne le sanctuaire de Notre-Dame-de-Lorette, en Italie. Cette journée, belle entre toutes, fut couronnée par un superbe feu d'artifice envoyé de Lyon, et par une illumination élégante. Et lorsqu'une étoile, parée de mille couleurs et au centre de laquelle étincelait le chiffre de la Vierge, couvrit d'un torrent de feu toute la largeur de la façade du temple, chacun put se dire : oui ! un nouvel astre s'est levé aujourd'hui pour Bon-Encontre !!! « Mon âge « avancé, s'écriait un respectable vieillard âgé de « 83 ans, m'avertit que cet astre n'est pour moi

« qu'un magnifique soleil couchant ; mais il luira
« sur mes enfants, mes arrières petits-enfants, sur
« mes concitoyens, sur mon pays, sur la province,
« sur la France, sur l'Église! Il resplendira jus-
« qu'à la fin des temps! Cet espoir, cette assurance
« illuminera mes derniers jours ! »

Huit jours après cette fête magnifique, les Pères
du concile étaient réunis solennellement à la cathédrale d'Agen, pour clore leurs sessions. Après la
première acclamation *Au Dieu Tout-Puissant, auteur de tout bien et Père des lumières!* le concile
s'écriait : *Beatissimæ Dei genitricis Mariæ immacu-
latæ novus honor, nova gloria! A la bienheureuse
Vierge Marie, nouvel honneur, gloire nouvelle!*
Et le clergé répondait : *In omnibus viis hilaritate
vultus sui et* BONO SEMPER OCCURSU *filiis suis se
pia mater ostendat ! Qu'elle se montre agréablement
à nous dans toutes nos voies, cette tendre Mère, et
qu'elle soit toujours pour ses fils Notre-Dame de
Bon-Encontre!* En remarquant que ces derniers
mots reproduisent le texte du discours prononcé par
l'illustre évêque de Poitiers, et la parole même qui
a donné naissance au temple de Marie, pourrait-on
méconnaître l'intention des Pères? Et quel hommage
plus magnifique, plus solennel, auraient-ils pu rendre à l'antique et célèbre pèlerinage?...

Et maintenant, ô Pontifes, que vous avez consa-
cré par vos bénédictions, vos prières, votre amour,

vos louanges , une des gloires les plus pures et les plus précieuses de nos contrées, avancez-vous sous ces voûtes de verdure et de fleurs que vous a élevées l'allégresse publique , bénissez ces flots de peuples prosternés à vos pieds avec respect et reconnaissance , et reportez à vos ouailles la bonne nouvelle des honneurs surajoutés par vous aux honneurs déjà rendus à Marie : *Mariæ immaculata novus honor, nova gloria ! !...*

LE
SERVITEUR DE MARIE
NE PEUT PÉRIR ! *(S. Hil.)*

GUÉRISONS ET GRACES TEMPORELLES

OBTENUES

PAR L'INTERCESSION DE NOTRE-DAME DE BON-ENCONTRE.

I. — Guérison d'Anna David, le 20 mai 1858.

M. Larivière, curé de Sérignac, a bien voulu nous adresser la pièce suivante : « A CELLE QUI « DONNE LA FORCE AUX FAIBLES, HOMMAGE DE LA « VÉRITÉ ! Jeanne Anna David, née à Sérignac, le « 20 juillet 1854, du légitime mariage d'Antoine « David, tisserand, avec Marguérite Couleau, vient « d'être l'objet d'une protection toute spéciale de la « Très-Sainte Vierge. Quoique âgée de près de « quatre ans, Anna avait une constitution si faible, « qu'elle ne pouvait ni marcher ni se tenir debout; « son intelligence précoce ne faisait qu'apitoyer ses « voisins sur sa position; elle comprenait son triste « état; aussi essayait-elle chaque jour de marcher, « et chaque jour elle se trouvait aussi faible que la « veille. Pendant le mois de Marie de cette année « 1858, Anna ayant entendu dire que je devais « aller dire la messe à Bon-Encontre pour la « paroisse, pria ses parents de l'y porter. Sa de-« mande fut écoutée. Mes occupations ne m'ayant « pas permis d'y aller au commencement du mois, « Anna rappelait sans cesse à ses parents leur pro-« messe. Ce ne fut que le 26 mai que je pus faire

« mon pèlerinage. Aussitôt qu'Anna eut appris que
« c'était le mercredi suivant, 26 mai, qu'elle
« devait aller à Notre-Dame, sa joie fut à son
« comble. Depuis environ trois mois, une des tan-
« tes d'Anna avait engagé ses parents à lui faire
« faire des béquilles ; Anna s'en servit en effet ;
« mais lorsqu'elle tombait, ce qui lui arrivait bien
« souvent, elle ne pouvait se relever. Sa maison
« paternelle étant à côté de l'abside de l'église, ce
« rapprochement lui facilitait le moyen d'y aller
« quelquefois avec ses béquilles. Le saint jour de
« la Pentecôte, 23 mai, Anna était allée à la
« messe ; elle tomba dans l'église, et sa tante fut
« obligée de la relever, ce dont s'aperçurent les
« personnes voisines. J'ai toujours regardé la chute
« qu'Anna fit dans l'église, le dimanche avant son
« pèlerinage à Bon-Encontre, comme un fait pro-
« videntiel. L'impuissance de se relever dans la-
« quelle Anna se trouva, devait contraster de la
« manière la plus merveilleuse, avec la force
« qu'elle allait trouver trois jours après dans le vé-
« néré sanctuaire de Notre-Dame de Bon-Encontre.
« Le 26 mai 1858, jour à jamais mémorable pour
« la famille David, Anna s'éveille de bonne heure,
« demande avec instance sa robe blanche qu'on ve-
« nait de lui faire faire exprès pour son pèlerinage,
« et part avec joie pour Bon-Encontre. Lorsque je
« me présentai à la sacristie de Notre-Dame, je dis

« à un Père, heureux gardien d'une si sainte mai-
« son : « Mon Père, je viens demander un mira-
« cle, il m'en faut un. » Celui-ci me répondit :
« Savez-vous que vous n'y allez pas de main-morte ;
« espérez ; vous l'aurez. » Je lui remis d'avance
« mon offrande. Mes paroles n'étaient pas tout à
« fait conformes à ma foi; hélas ! je doutais...
« Néanmoins, je célèbre la sainte messe, et au
« moment de l'élévation, j'excite ma foi, je de-
« mande un miracle à Marie avec plus d'instance.
« Je le demande comme moyen de faire aimer et
« glorifier la Sainte-Vierge par mes bien-aimés pa-
« roissiens. Pendant la messe, Anna était assise
« devant l'autel à côté de sa marraine ; aussitôt
« après l'élévation, Anna, sans béquilles, va trou-
« ver sa mère, qui était dans l'église, à sept ou huit
« pas de distance, et revient de même à sa place.
« Rentrée le soir à Sérignac, elle va à l'instruc-
« tion du mois de Marie avec sa grand'mère, con-
« duite seulement par la main, et puis se promène
« seule et sans appui dans l'église, comme font les
« enfants de son âge. Le lendemain et les jours
« suivants, Anna reprend ses béquilles de temps en
« temps, mais elles ne lui étaient pas aussi indis-
« pensables qu'auparavant. Deux ou trois jours
« après son pèlerinage, on s'aperçoit que les forces
« d'Anna, au lieu d'augmenter, diminuaient; la
« tristesse rentrait dans la famille. La Sainte-Vierge

« voulait montrer une fois de plus son intervention.
« La grand'mère d'Anna reconnaît qu'elle avait
« perdu sa médaille de Bon-Encontre. Jenny Dona-
« dieu, sa marraine, lui donne la sienne ; les for-
« ces reviennent, et le mardi suivant, c'est-à-dire
« le septième jour après le pèlerinage, Anna quitte
« pour toujours ses béquilles, et recommande à sa
« mère de les bien serrer, parce qu'elle voulait
« les porter à Bon-Encontre, M. le Curé, disait-
« elle, me l'a dit. Le 21 août 1858, samedi dans
« l'octave de l'Assomption de la Sainte-Vierge,
« j'allai dire à Notre-Dame la messe d'actions de
« grâces; Anna porta ses béquilles à Bon-Encontre,
« alla de son pied à la sacristie, et s'y promena en
« présence de trois Pères Maristes. Le R. P. Supé-
« rieur donna à Anna quelques médailles et gravu-
« res, et déposa aux pieds de la statue miraculeuse
« de Notre-Dame les béquilles devenues désormais
« inutiles. Aussitôt après, j'allai, plein de recon-
« naissance envers Marie, célébrer la sainte messe
« au grand autel. M. Raymond Moureau, proprié-
« taire à Peloun, Jenny Donadieu, marraine
« d'Anna, sa mère et sa grand'mère étaient pré-
« sents à Notre-Dame lorsque Anna marcha pour
« la première fois, les deux premiers témoins ont
« signé avec nous, non les deux autres pour ne
« savoir. Les autres personnes qui ont signé sont
« tous des habitants de Sérignac, et voisins de la

« famille David. — Sérignac, le 24 septem-
« bre 1858, jour de la fête de Notre-Dame-de-la-
« Merci. — *N. B.* J'oubliais de dire que, lorsque
« Anna voulait se tenir debout, on était obligé de
« la soutenir des deux mains. »

« R. Moureau. — Alph. Donézan. — Ducour-
« neau David, père d'Anna. — Jenny Donadieu,
« marraine d'Anna. — Lamarque. — Cyprienne
« Gras. — Gras Géraud. — J.-M. Rigaud. — Mé-
« lanie Richard. — Aglaé de Jouanisson. — Léonie
« Lustiguy. — Virginie Lustiguy. — Louise Pen-
« delle. — C'est moi qui ai fait les béquilles
« d'Anna. — Marcadet. — Larivière, curé de
« Sérignac. »

II. — Guérison de Mme Marie-Elie Montet.

Nous l'avions déjà rapportée ailleurs ; mais plusieurs détails fort touchants avaient été omis.
Mme Marie-Elie Montet a bien voulu en faire le récit
elle-même, le 24 mai 1858 :

« Je célèbre aujourd'hui le onzième anniversaire
« de ma guérison opérée miraculeusement par le
« secours de Notre-Dame de Bon-Encontre. Depuis
« j'expérimente tous les jours combien bonne est
« pour ses enfants cette douce et tendre Mère.
« Tous les jours je la bénis, et chaque année je
« sens le besoin, durant le beau mois de mai, de
« venir répandre mon cœur en actions de grâces

« dans le sanctuaire de Bon-Encontre. C'est là que
« l'aimable Vierge a daigné me rendre la santé et
« la vie en quelque sorte ! Vous allez en juger.
« J'étais le jeudi-saint 1841 à orner l'autel de ma
« paroisse, lorsque tout à coup je fus saisie d'une
« douleur aux jambes qui, à mon arrivée chez
« moi, se changea en paralysie. Peu à peu, je de-
« vins toute percluse ; bientôt je ne pus rien pren-
« dre, et, de très-robuste que j'étais, je devins
« étique. La peau de mes jambes finit par se plier
« comme un morceau de linge ; mes jambes
« elles-mêmes semblaient mortes ; elles restaient
« comme on les mettait ; ma tête penchait sur ma
« poitrine ; je ressemblais à un peloton. Deux fois
« on a sonné mon agonie, et sur sept années du-
« rant lesquelles j'ai gardé ma chambre, je suis
« restée trois ans dans mon lit, éprouvant des dou-
« leurs si aiguës qu'on ne pouvait me changer de
« place sans prendre les précautions les plus gran-
« des. Tous les secours de l'art étaient inutiles.
« Cependant la renommée de M. le curé d'Espiens
« était arrivée jusque dans notre pays. On m'y
« porta sur une charrette. Un nombre considérable
« de malades, dont plusieurs venus de bien loin,
« attendaient. (Cette paroisse est située à quelque
« distance de Nérac ; le prêtre, dont il est ici ques-
« tion, exerçait la médecine, avec la permission de
« ses supérieurs, et opérait de merveilleuses gué-

« risons). M. le curé m'aperçoit étendue sur mon
« lourd véhicule, il laisse les autres, et, venant à
« moi, m'adresse quelques paroles pleines de bonté
« et de charité, regarde ma langue, mes pieds, et
« me dit d'un air triste et avec la franchise qui le
« caractérisait : *Je ne suis pas faiseur de mira-*
« *cles !* Néanmoins, il me donne une ordonnance,
« et je promets de la suivre et de revenir. Les
« nouveaux remèdes, au lieu de me soulager, aug-
« mentaient mon mal. Sur ces entrefaites, le véné-
« rable curé mourut. S'il n'avait pu me guérir, ces
« paroles : *Je ne suis pas faiseur de miracles*,
« avaient fait sur mon esprit une profonde impres-
« sion. D'après cela, je ne pouvais être guérie que
« par un miracle. J'osai l'attendre de la bonté de
« Dieu. Un incident de mon voyage à Espiens avait
« semblé me le promettre : comme mes gens et
« moi nous passions devant le couvent des Carme-
« lites d'Agen, j'éprouvai des douleurs si atroces
« dans mon corps que je demandai à prier dans la
« chapelle de ces bonnes sœurs. On m'y descendit
« péniblement, et j'obtins le soulagement néces-
« saire pour continuer mon voyage. Eh ! Dieu ne
« me faisait-il pas connaître que lui seul voulait
« être l'auteur de ma guérison ? — Je résolus donc
« de m'adresser au Seigneur par l'entremise de
« Notre-Dame de Bon-Encontre. Je demandai à vi-
« siter son sanctuaire. On combattit ce projet.

« D'abord je me réduisis au silence ; ensuite je
« réitérai ma demande ; enfin, comme mes désirs
« et mon cœur me portaient vers la chapelle mira-
« culeuse, j'insistai, et je finis par déclarer que,
« morte ou vive, il me fallait accomplir ce pèleri-
« nage. Le jour fut fixé au 24 mai 1847. Après
« sept heures de marche, nous arrivâmes à Notre-
« Dame. La charrette s'étant arrêtée, on me mit
« sur une chaise pour me porter dans le sanctuaire
« bien-aimé de la Vierge. Je ne tardai pas à res-
« sentir l'effet salutaire de ma pieuse démarche ;
« car à peine étais-je dans la sainte chapelle, que
« je commençai à m'appuyer contre le dossier de
« ma chaise. Pendant la messe, la fille qui me
« servait ordinairement, pour m'épargner quelque
« fatigue, crut devoir placer sa main sous l'un de
« mes bras. Il s'en dégageait alors une telle abon-
« dance de sueur qu'elle me regardait avec sur-
« prise, disant : Mais quelle sera la fin de tout
« ceci ? Quelques instants encore, et elle le
« saura. Après cette messe, à laquelle j'avais com-
« munié, il n'y eut rien de particulier. Mais à
« celle de l'action de grâces, ma bonne fille me
« voit prosternée. Comme elle en ignorait la cause,
« elle craignait que cette posture, gênante pour
« une personne en santé, ne fatiguât sa malade.
« Aussitôt elle me présente un petit coussin pour
« être placé sous mes genoux. De la main je lui

« fais signe de s'éloigner. Je n'avais nul besoin de
« ce secours. Je n'étais plus sur la terre, mais au
« ciel. Jamais je n'avais prié comme alors. Le bruit
« causé par les fidèles qui entraient et sortaient
« n'existait plus pour moi. Absorbée en Dieu, je
« n'entendais plus rien; je ne voyais plus rien. Je
« sentais mon visage, qui depuis longtemps portait
« l'empreinte d'une profonde souffrance, tout
« inondé de lumière; mes membres, qui commen-
« çaient à retrouver leur élasticité première, tres-
« saillaient d'une joie sainte; et mon cœur savou-
« rait l'onction de ces paroles à la suite desquelles
« mon corps retrouvait le calme, la santé et la
« vie : O Sainte-Vierge et divine Mère, daignez
« secourir ceux qui implorent votre assistance au-
« près de Dieu. Jetez un regard de compassion sur
« nous, et soyez touchée de nos misères. Tout vous
« est possible, dès que vous intercédez pour nous.
« O Marie, vous pouvez me secourir, j'espère de
« votre bonté que vous le ferez. Remarquez que
« je lisais cette prière dans la visite au Très-Saint-
« Sacrement et à la Sainte-Vierge (XVIe visite,
« S. Liguori); quand je me sentis à genoux.
« Ensuite, je récitai tout haut la prière; Sou-
« venez-vous, ô très-douce Vierge Marie, etc.
« O mon Dieu, grâces vous soient rendues pour la
« foi vivifiante dont vous me remplissiez alors!
« Cette foi fut mon salut. Je me levai sans le se-

2*

« cours de personne, moi, qui depuis si longtemps,
« étais privée de l'usage de mes membres. Toute-
« fois je ne pouvais redresser mon corps entière-
« ment, mais je ne souffrais plus. Je m'étais vue
« si courbée, que la demi-guérison dont j'étais
« l'objet me ravissait d'admiration en ma divine
« Consolatrice. Il me tardait de revoir ma bonne
« mère et mon mari restés à la maison pour n'avoir
« pas la douleur de me fermer les yeux sur un
« chemin public. Quel ne fut pas leur étonnement,
« en comparant l'état de la matinée et celui du
« soir du même jour. A souper, je me mis à table,
« et je mangeai presque autant qu'un autre. Je
« n'étais pas entièrement guérie; mais pour la pre-
« mière visite à la bonne Vierge, n'avait-elle pas
« bien opéré? Dans une seconde visite, j'avais la
« confiance d'obtenir l'objet de ma demande. Je
« décidai en famille que le 29 de ce même mois,
« je viendrais à Bon-Encontre pour remercier Marie
« de ses bienfaits, et la prier encore en ma faveur.
« Dans cette circonstance je ne trouvai plus d'op-
« position. Tous mes parents voulurent être du
« voyage. M. Caumont, alors curé de Notre-Dame
« de Bon-Encontre, ne pouvant me dire la messe
« d'action de grâces (car il avait pris des engage-
« ments pour quelque autre), j'en exprimai mon
« regret. Un prêtre, M. Rogé, desservant de la
« Sauvetat, recueille mes plaintes, et après s'être

« informé de ce qui s'est passé, il a la bonté de
« célébrer, à mon intention, les saints mystères.
« A peine l'auguste sacrifice est terminé, que je me
« sens tout à fait guérie ; en présence de mes pa-
« rents, dont j'étais environnée, je me lève, je
« vais à la sacristie faire part au vénérable M. Cau-
« mont du changement subit qui s'est opéré en moi,
« et remercier le prêtre qui avait célébré la sainte
« messe. Dans le courant de la journée, je me ren-
« dis à pied à Agen, où je visitai quelques-uns de
« mes parents. Pendant les deux premiers mois qui
« suivirent ma guérison miraculeuse, il venait des
« gens de toutes les contrées pour me voir et en-
« tendre de ma propre bouche le récit de ce qui
« s'était passé. Chacun se retirait stupéfait de ce
« qu'il voyait et entendait. Je tenais à leur montrer
« que la Sainte-Vierge ne m'avait pas guérie à
« moitié, mais d'une manière radicale. Pour cela,
« tous les matins, sans éprouver la moindre fati-
« gue, je me levais de très-bonne heure, je met-
« tais de l'ordre dans ma maison et je recevais tous
« les curieux qui se présentaient. Un respectable
« ecclésiastique, M. le curé de Couls, fit huit fois,
« pendant huit jours consécutifs, le voyage de sa
« paroisse chez moi, pour bien s'assurer si le mi-
« racle persévérait. Il n'est pas possible que cette
« enfant soit guérie ! Tout à fait guérie, disait-il.
« Au mois de juin je fis célébrer une messe d'action

« de grâces à Notre-Dame de Bon-Encontre. Sur la
« demande de Msr de Vesins, je me présentai à
« l'évêché. Une grande faveur m'a donc été obtenue
« par la Bienheureuse Vierge Marie. A moi de ré-
« pondre à ses bontés par la reconnaissance et
« l'amour. Gloire et bénédiction à Marie, mainte-
« nant et dans tous les siècles des siècles ! Ainsi-
« soit-il.

« Mme Marie Elie Montet, ne sachant pas écrire,
« a déclaré, le 24 mai 1858, devant les témoins
« soussignés, que tous les détails de cette relation
« recueillis de sa propre bouche, à Bon-Encontre,
« ce jour 24 mai 1858, sont en tout conformes à la
« plus exacte vérité. — Alban Pouydebat. — La-
« boulbène. — Escadafals. — Pinèdre. — B. La-
« mothe. — Roux, adjoint. — F. Deffa, desservant
« de Saint-Christophe. »

III. — Mère consolée.

Dieu seul sait si le fait que nous allons rapporter
renferme quelque chose de surnaturel. Aussi, n'est-
ce pas à cette fin que nous le citons, mais unique-
ment pour montrer aux serviteurs de Marie, avec
quelle foi, avec quelle confiance il faut prier la
Très-Sainte-Vierge, et avec quel amour on doit la
remercier, soit qu'elle intervienne sensiblement, soit
qu'elle donne aux causes secondes leur efficacité.
— Lettre de Mme Lucie Guéry du Château. — « Vil-

« lefranche-d'Albigeois (Tarn) , 8 janvier 1860 , à
« Marie Immaculée, gloire, amour, reconnaissance.
« — Monsieur, je ne veux pas être du nombre des
« ingrats, en ne pas donnant de la publicité à une
« faveur spéciale qui m'a été accordée par celle que
« dix-huit siècles attestent n'avoir jamais été invo-
« quée en vain. Permettez-moi de payer aujour-
« d'hui mon tribut d'éternelle reconnaissance à
« l'auguste Marie, à notre si bonne Mère du ciel,
« en traçant le récit de la guérison vraiment mira-
« culeuse de notre chère Paule, due à son interces-
« sion. Puisse ce récit contribuer à faire aimer tous
« les jours davantage cette excellente Mère! Goûtez,
« et voyez combien elle est douce Marie, combien
« elle est bonne, et de combien d'amour elle est
« digne ! — Le 14 décembre 1859 , notre petite
« Paule, à peine âgée de trois ans et demi, fut subi-
« tement atteinte d'une maladie très-grave. Le soir
« de ce même jour, une crise se déclare par d'hor-
« ribles convulsions qui nous donnèrent les appréhen-
« sions les plus vives pour la vie de notre chère
« enfant. Deux jours après, un transport au cerveau
« se manifesta, avec tous les signes avant-coureurs
« d'une fin prochaine. Trois médecins de l'endroit
« voyaient assidûment notre petite malade. Mais le
« mal empirait toujours et faisait de rapides pro-
« grès. Un autre médecin d'Albi fut appelé; il
« trouva la petite malade dans un état tout à fait

« désespéré. Il était d'ailleurs évident pour tous
« ceux qui voyaient ma chère enfant, qu'elle s'affai-
« blissait à chaque instant. Avant de repartir pour
« Alby, le médecin déclara qu'il n'y avait plus d'es-
« poir et que l'enfant était perdue ; que sur cent
« enfants attaqués par cette maladie, quatre-vingt-
« dix-neuf au moins succombaient, et encore était-
« il à craindre, pour le survivant, une paralysie du
« cerveau en tout ou en partie. Une nuit entre au-
« tres fut des plus mauvaises pour ma chère petite ;
« elle avait perdu tout à fait connaissance, elle ne
« voyait plus, elle n'entendait plus, les symptômes
« de l'agonie semblaient déjà se manifester. Les
« personnes qui m'aidaient dans les soins que ré-
« clamait l'état de ma chère malade, croyaient bien
« que l'enfant ne serait pas en vie le lendemain.
« Oh ! Monsieur, quelle nuit pour une mère ! Je
« cherchais à m'exciter tantôt à la confiance, tantôt
« à la résignation. Dans ma douleur profonde, je
« me tourné vers celle qui peut encore tout, lors-
« que les plus célèbres médecins ne peuvent plus
« rien. J'avais déjà fait célébrer plusieurs fois le
« saint sacrifice dans des lieux qui lui sont consa-
« crés. Je fis encore écrire en d'autres pèlerinages,
« deux fois à la Salette et à Notre-Dame de Bon-
« Encontre, afin qu'on levât des mains suppliantes
« vers la Vierge qui guérit, en la conjurant de nous
« conserver notre chère enfant, pourvu qu'elle dût

« être fidèle toute sa vie à Dieu et à la meilleure
« des Mères. O merveille de la confiance et de la
« prière ! Un mieux sensible se manifesta ; ce mieux
« a été toujours en augmentant ; aujourd'hui, notre
« chère enfant est en pleine convalescence, ayant la
« même lucidité d'esprit qu'avant sa maladie. Puis-
« sent ces quelques lignes inspirer à tous ceux qui
« les liront, une vive confiance en Marie et un amour
« sans mesure pour cette tendre Mère, qu'on n'in-
« voque jamais en vain ! Aimons Marie, aimons la
« tous, aimons la sans bornes. Mon cœur est si
« rempli d'amour et de reconnaissance pour Marie,
« que je voudrais toujours parler de cette tendre
« Mère, de cette Vierge si puissante et si bonne,
« pour la faire connaître et aimer à tous les cœurs !
« J'ai promis à la Sainte-Vierge de rendre publi-
« que cette grâce signalée que j'ai obtenue d'elle,
« pour sa plus grande gloire, et pour exciter tous
« ses enfants à implorer, dans leurs besoins, le se-
« cours de sa protection. — Lucie Guéry, du Châ-
« teau. »

Le 23 janvier 1860, M. l'abbé Valette, vicaire de
Villefranche-d'Albigeois, écrivait au R. P. Chanut,
supérieur des Maristes de Bon-Encontre : « Il y a
« quelques jours, je vous priai de dire une messe,
« à la chapelle de Notre-Dame de Bon-Encontre,
« pour une enfant très-malade. Les médecins avaient
« annoncé une mort certaine et prochaine pour cette

« enfant, et aujourd'hui, cette heureuse privilégiée
« de Marie est pleine de vie et de santé. Nous avons
« tous cru à un miracle. La mère de cette enfant
« vous prie de vouloir bien célébrer une messe
« d'actions de grâces à l'autel de la bonne Vierge
« de Bon-Encontre. Que cette enfant reste toujours
« fidèle à sa divine protectrice ! »

Dans le courant de février 1860, Mme Guéry du
Château envoyait une généreuse offrande pour la
statue monumentale qu'on va ériger à Bon-Encontre,
en l'honneur de Marie Immaculée ; et le samedi,
23 février, pour se conformer aux intentions de cette
servante dévouée de la Mère du Sauveur, on disait
une seconde messe d'actions de grâces à l'autel de
Notre-Dame. « Ah ! mon Révérend Père, écrivait-
« elle à celui qui trace ces lignes, puisque vous
« imprimez des ouvrages, *faites aimer Marie.* »
Puissions-nous, avec la grâce de Dieu, remplir un
vœu conforme au plus ardent de nos désirs ! Faire
aimer Marie, c'est travailler de la manière la plus
efficace au salut de ses frères : car *devotus Mariæ
nunquam peribit.*

IV. — Soulagement obtenu.

Le 16 décembre 1858, un curé de la Saintonge
écrivait : « Mon Révérend Père, la médecine déses-
« père de la guérison d'une petite fille de ma pa-
« roisse. La pauvre mère me prie de la recomman-

« der à Notre-Dame de Bon-Encontre, à laquelle on
« se propose de faire une neuvaine pour la guérison
« de l'enfant, avec vœu de la conduire à Bon-
« Encontre, si elle guérit de la maladie grave dont
« elle est atteinte. » On répondit à ce vénérable
curé : « Puisque la médecine désespère, c'est digne
« de Marie! Nous prierons et ferons prier ; nous
« dirons la messe le 27 décembre, et *vous voudrez*
« *bien nous envoyer la relation de la guérison.* »
Il écrivit, le 10 janvier 1859 : « Notre petite malade
« est assez bien pour le moment. Si le mieux se
« maintient, nous devrons en remercier le Seigneur,
« et en bénir la Sainte Vierge, qui aura bien voulu
« s'intéresser, auprès du Seigneur, à la guérison de
« notre chère petite malade. » Le 17 février suivant, nous reçûmes la lettre qu'on va lire : « La
« convalescence de notre petite infirme est à la sa-
« tisfaction de tout le monde, surtout depuis la clô-
« ture de la dernière neuvaine pour laquelle on a
« dû dire la messe à Bon-Encontre, le 2 de ce mois.
« L'enfant n'a presque plus l'air d'une malade au-
« jourd'hui. Force et appétit sont à son service.
« Rappelez-vous encore, au saint sacrifice, votre
« petite malade, qu'on se propose de vous conduire
« à Bon-Encontre dès qu'elle pourra sûrement
« voyager. »

V. — Guérison de Mlle Elisabeth Castaing, Juillet 1858.

« La relation suivante de la guérison extraordi-
« naire de Mlle Elisabeth Castaing, arrivée dans
« la paroisse de Montagnac-sur-Auvignon, can-
« ton et arrondissement de Nérac, diocèse d'Agen,
« le 29 du mois de juillet 1858, est, de tout
« point et sous tous rapports, conforme à la vérité.
« J'ai suivi avec une attention scrupuleuse toutes
« les circonstances de ce fait ; j'ai pris du temps
« pour examiner les suites et pour ne pas porter
« un jugement irréfléchi et à la légère : et ce n'est
« qu'après avoir tout examiné sérieusement et
« longtemps, que je déclare avoir trouvé dans cette
« guérison des marques évidentes de la protection
« de Marie. Ainsi, du reste, en ont jugé tous
« les habitants sérieux de ma paroisse.

« C'est pour l'honneur de la Mère de Dieu et
« pour procurer un plus grand accroissement de
« confiance en la Sainte-Vierge, que, sur la de-
« mande qui m'en a été faite par les Révérends Pè-
« res Maristes de Notre-Dame de Bon-Encontre,
« j'ai prié la personne elle-même, objet de cette
« faveur signalée, d'écrire les principales circons-
« tances de sa longue maladie, de ses cruelles souf-
« frances et de sa guérison presque soudaine. Au-
« jourd'hui cette jeune personne va aussi bien que
« peut le permettre sa constitution frêle et délicate.

« — Montagnac-sur-Auvignon , le 28 décembre
« 1858. — R. Castex, curé. »

Lettre de Mlle Elisabeth Castaing. — « Monsieur
« le Curé , vous m'avez manifesté plusieurs fois
« votre désir de me voir écrire les détails de la
« guérison vraiment miraculeuse , que je dois à la
« puissante protection de Marie. Le respect filial
« que je vous porte, fera taire toutes mes répu-
« gnances , et, pour glorifier le nom de ma Mère,
« je vous obéis. Ce fut à l'âge de quinze ans, qu'à
« la suite de fâcheuses imprudences, je fus atteinte
« de la maladie de la chlorose ; elle amena une
« oppression qui ne me permit plus la moindre fa-
« tigue, des vomissements de sang assez fréquents,
« et enfin un rhume que j'eus le tort de négliger.
« Bientôt je fus obligée d'abandonner mes études, de
« me séparer des Dames du Sacré-Cœur, qui avaient
« pour moi des tendresses de mères , et de quitter
« mes compagnes bien-aimées, avec lesquelles j'a-
« vais passé de si heureux jours, dans des lieux
« chers à mon cœur. Je rentrai bien malade sous le
« toit paternel. On me confia aux soins d'un méde-
« cin habile, on me soumit à un régime sévère, je
« fus envoyée deux fois aux Pyrénées ; mais ce fut
« en vain. J'avais atteint ma dix-septième année,
« et, loin d'éprouver du soulagement, je sentais
« mes forces s'affaiblir de plus en plus. Je n'ai pas
« besoin de vous rappeler au milieu de quelles alar-

« mes se passèrent les mois de mai et de juin de
« cette année 1858. Je commençais dès-lors à pré-
« voir quelle serait l'issue de mes maux. Merci
« mille fois, M. le Curé, de m'avoir engagée sou-
« vent, en ces douloureuses circonstances, à ne
« pas cesser de mettre ma confiance en Marie, et à
« me jeter dans le cœur tout bon de notre divin
« Maître. Ce fut alors que pour dernière ressource
« les Eaux-Bonnes me furent ordonnées. Mais la
« Très-Sainte-Vierge, qui s'était chargée de me
« guérir, ne permit pas que j'entreprisse ce long
« voyage. Au moment des préparatifs, une douleur
« des plus violentes vint se placer au côté droit et
« m'enlever le peu de forces qui me restaient. Je
« dus, malgré mes vives répugnances, garder le
« lit, et alors, à la suite des moyens humains et
« des remèdes qui semblaient devoir les prévenir,
« commencèrent ces horribles souffrances, ces dou-
« leurs atroces que j'eus à endurer pendant le mois
« de juillet. Mois bienheureux, pourtant, témoin
« de la puissance et de la bonté de Marie!.... A
« tous ces maux vinrent se joindre des crises ner-
« veuses épouvantables, qui arrivaient presque à
« la même heure tous les jours, et étaient suivies
« d'une prostration générale et comme d'un anéan-
« tissement total de toutes mes forces physiques et
« morales qui durait quelquefois jusqu'à trois et
« quatre heures. Le peu d'espoir, qui était jusque-là

« resté dans mon cœur, disparut ; la tristesse s'em-
« para de mon âme, et je tombai dans un découra-
« gement complet.

« Cependant, M. le Curé, comme un charitable
« pasteur, vous ne cessiez de m'exhorter à la pa-
« tience, et vous me disiez toujours d'espérer. Vos
« douces paroles triomphèrent de ma défiance. Une
« bonne pensée vint relever mon âme. Je me rappe-
« lai la bonté de Marie, les grâces précieuses qu'elle
« avait accordées à mon enfance et à ma jeunesse, sa
« toute-puissance sur le cœur de Dieu, et je mani-
« festai le désir de faire une neuvaine en son hon-
« neur, pour obtenir, par son intercession, une amé-
« lioration dans mes souffrances. Mon désir fut
« exaucé : la neuvaine commença le 22 juillet, fête
« de sainte Marie-Magdeleine, de cette année 1858,
« et je ne pourrai jamais témoigner assez de recon-
« naissance aux religieuses des communautés envi-
« ronnantes, aux Pères Maristes de Notre-Dame, à
« nos bonnes sœurs de Montagnac surtout, et à toutes
« les autres âmes pieuses de cette chère paroisse,
« qui voulurent bien unir leurs prières à celles de
« mon oncle, assister tous les jours au Saint Sacri-
« fice de la messe qu'il offrait à mon intention, et
« faire, dans le même but, une communion. Marie
« fut invoquée sous le titre de Notre Dame des
« Sept-Douleurs, et je demandai à mon père l'auto-
« risation de lui promettre d'aller aussitôt après

62

« mon rétablissement, la remercier avec lui, dans
« son sanctuaire de Bon-Encontre. Nous fîmes même
« le vœu d'y retourner encore pendant deux ans. A
« partir de ce jour, ma confiance devint plus grande :
« je pressentis, de la part de notre bonne Mère, un
« nouveau trait de puissance et de bonté. Rien, ce-
« pendant, n'annonçait un mieux jusqu'au huitième
» jour de la neuvaine. Au dire de tous, au contraire,
« je m'en allais à grands pas vers la tombe ; mon
« tendre père, mes parents, mes amis pleuraient déjà
« sur mon sort. Etait-il, en effet, humainement par-
« lant, possible de concevoir des espérances, alors
« que, depuis plus d'un mois, il m'avait été de toute
« impossibilité de quitter un seul instant mon lit,
« que mon estomac était resté fermé à toute espèce
« de nourriture, que le sommeil avait fui entière-
« ment mes paupières, et que j'étais d'une faiblesse
« extrême. »

Pendant cette neuvaine, on porta une fois la communion en viatique à Mlle Elisabeth. Elle était si
mal, que personne dans la paroisse n'eût été surpris
si l'on eût sonné le glas de l'agonie (témoignage de
M. le Curé de Montagnac, le 26 janvier 1859).

« Nous arrivâmes ainsi à la veille du jour, si ar-
« demment désiré. Bien que mes dernières crises
« eussent été très-fortes, j'espérais encore. Si la
« prière que j'adressai à Marie était courte, elle me
« paraissait au moins sincère ; et comme on ne l'in-

« voqua jamais en vain, mon espérance ne fut pas
« trompée. Le même jour, veille de la clôture de la
« neuvaine, vers les quatre heures du soir, je sentis
« tout d'un coup un changement subit dans tout
« mon être. A la place de cette agitation violente et
« nerveuse qui précédait ordinairement les attaques,
« le calme le plus grand régna dans toutes les par-
« ties de mon corps. J'assurai immédiatement que
« je n'aurais pas de crise, que la Sainte-Vierge m'a-
« vait guérie, que le lendemain j'irais entendre la
« messe à l'église, et presque au même instant je
« m'endormis d'un sommeil paisible qui dura près
« de quatre heures. Comme je regrette de n'être
« qu'une pauvre et simple jeune fille! et que je
« m'estimerais heureuse d'avoir le langage des an-
« ges pour redire, à la gloire de Jésus et à la louange
« de sa Très-Sainte Mère, tout ce que mon cœur
« éprouva de douceurs et de consolations pendant
« ces quelques heures! Il me semblait voir et en-
« tendre Marie parlant à mon âme, et m'adressant
« de suaves et délicieuses paroles. Jésus aussi me
« bénissait et me disait : Je te guéris, mon en-
« fant; sois-moi toujours fidèle. Et je le lui pro-
« mettais, tout en déplorant et ma faiblesse et ma
« fragilité. Puis, Marie me prévenait encore des
« dangers que j'allais avoir à courir dans le monde,
« et m'indiquait les moyens que j'avais à prendre
« pour les éviter, m'assurant que sa protection ne

« me ferait jamais défaut, si j'étais fidèle à mes
« promesses. A ce langage tout divin, je sentais
« descendre dans mon âme comme une onction cé-
« leste et une force surhumaine. »

Durant ce sommeil si doux on entendait la malade dire à demi-voix, d'un ton céleste : Elle est
bonne..... bien bonne..... elle m'a guérie..... elle
me guérit..... je suis bien indigne d'une pareille
grâce.....; je veux lui être plus fidèle.....; oh! oui,
elle est bien bonne ! (rapport d'un témoin).

« Neuf heures venaient de sonner ; mon réveil,
« m'a-t-on dit depuis, était attendu avec la plus
« grande impatience. Il vous souvient, Monsieur le
« Curé, que, lorsque sortant de mon sommeil,
« je prononçai ces paroles : Oh! que Marie est
« bonne !..... elle m'a guérie !..... Demain j'irai à la
« messe !..... Vous me dites : Oui, mon enfant,
« cette bonne Mère vient en effet d'opérer en vous
« ce miracle ; ne cessez donc jamais de l'aimer !
« Puis vous adressant aux personnes présentes,
« vous avez ajouté : Hâtons-nous de tomber à
« genoux et de lui témoigner tous ensemble notre
« vive reconnaissance.

« J'étais guérie, en effet, et toutes mes souffran-
« ces avaient disparu, au grand étonnement des
« personnes nombreuses qui remplissaient ma cham-
« bre, et pleuraient d'attendrissement devant cette
« espèce de résurrection. Je pus, m'étant assise

« toute seule sur mon lit, recevoir les embrasse-
« ments de mon tendre père, qui ne tenait plus à
« cette scène de bonheur, et qui se jetait dans mes
« bras en m'assurant qu'il était pour toujours, lui
« aussi, à Dieu et à Marie. Oh! délicieuse parole
« pour un cœur d'enfant!

« Pendant toute cette journée si mémorable, j'a-
« vais tenu dans mes mains, avec mon chapelet, un
« scapulaire qui devait me servir le lendemain ma-
« tin, pour me faire recevoir de la pieuse confrérie
« de Notre-Dame-du-Mont-Carmel. Il me sembla
« que je devais, dès le moment même, m'enrôler
« sous la sainte bannière de ma Mère. Vous eûtes
« la bonté de vous rendre à mes désirs, Monsieur
« le curé, et il vous souvient que je pus suivre,
« dans une posture très-convenable, les prières de
» la réception.

« C'en était fait, j'étais devenue l'enfant de
« Marie, et cette bonne Mère ne devait plus mettre
« de bornes à ses faveurs. Dès le lendemain matin,
« dernier jour de la neuvaine, j'assistai à la sainte
« messe, où j'eus le bonheur de faire la sainte
« communion. Il est vrai que l'on crut devoir, par
« prudence, me porter à l'église, mais je restai à
« genoux, sans éprouver la moindre fatigue, depuis
« l'élévation jusqu'à la fin du saint sacrifice, même
« pendant l'action de grâce; et afin que rien ne

« manquât au miracle, je pus faire usage de mes
« jambes pour retourner chez moi.

« J'avais été miraculeusement guérie, ou au
« moins soulagée d'une manière tout à fait provi-
« dentielle. Mon père fut fidèle à sa promesse. A
« quelques jours de là, et pendant l'octave de la
« plus belle des solennités de Marie, vous eûtes la
« bonté, Monsieur le Curé, de nous accompagner au
« sanctuaire béni de Notre-Dame-de-Bon-Encontre.
« Là, nous aidant par vos prières à acquitter envers
« Marie notre dette de reconnaissance, vous eûtes
« aussi à lui payer, pour votre part, un juste tribu^t
« de gratitude, puisqu'à la suite de la faveur signa-
« lée qu'elle avait bien voulu accorder à mon indi-
« gnité, quelques brebis égarées de votre cher trou-
« peau étaient revenues au bercail, et que, même
« parmi les serviteurs fidèles, vous avez pu remar-
« quer un redoublement de zèle. — La plus res-
« pectueuse et la plus reconnaissante de vos parois-
« siennes,   Élisabeth Castaing. »

P.-S. — Le jour où la malade alla à la messe,
à Montagnac, après qu'elle eut fait un quart d'heure
d'actions de grâces, M. le Curé, s'approchant, lui
dit : « Mon enfant, il faudrait vous retirer ; j'ai
« peur que vous vous fatiguiez trop ! — Fatiguée !
« oh ! non, répondit-elle avec un accent de douce
« joie, de bonheur paisible, je suis si bien avec la

« Sainte-Vierge ! » On pleurait tout autour d'elle. (Témoignage de M. le Curé, le 26 janvier 1859.)

Qu'il nous soit permis d'ajouter encore à cette pieuse et candide relation une circonstance touchante qu'un bien juste sentiment de respect filial a fait omettre. Lorsque la jeune personne, objet des tendres bontés de Marie, s'éveilla en disant : « Que « Marie est bonne ! » elle ajouta à son père qui l'embrassait, ivre de joie et de bonheur : « Papa, « pourquoi ne l'aimes-tu pas ? — Mais, mon en-« fant, je l'aime bien. — Non, tu ne l'aimes pas « de la manière dont elle veut être aimée, puisque « tu ne te confesses pas. » — Et le père pénétré de reconnaissance et touché de la grâce, promit à son heureuse enfant d'aimer la Sainte-Vierge de la bonne manière et de se confesser. Il tint parole, on l'a vu ; et quelques jours après, il était à la Sainte-Table, dans le sanctuaire de Bon-Encontre, à côté de sa chère fille qu'il croyait recevoir du Ciel une seconde fois. Qu'il soit remercié de nous avoir autorisé à rendre publiques ses actions de grâces personnelles, après avoir manifesté sa paternelle reconnaissance. Qu'elle soit à jamais bénie, notre douce Mère des cieux, sans cesse occupée à verser les trésors divins, et sur les corps et sur les âmes !...

Témoignage et lettre de M. Castaing, curé de Moncaut, oncle de Mlle Elisabeth Castaing. — « Moncaut, « ce 8 janvier 1859. Mon Révérend Père, lorsque j'ai

« fait vœu de venir célébrer une messe d'action de
« grâces à Notre-Dame de Bon-Encontre, si Dieu et
« la Très-Sainte-Vierge daignaient exaucer mes
« prières pour la guérison de ma nièce, Mlle Elisa-
« beth Castaing, j'ignorais que, de son côté, elle eût
« fait un vœu à peu près semblable. Dans le mo-
« ment où je pris cet engagement, (c'était en me
« rendant auprès de la malade) les symptômes du
« mal étaient tels que tous les secours humains me
« paraissaient impuissants pour le conjurer. M. le
« curé de Montagnac pensait comme moi à cet
« égard. — La malade avait la poitrine enflée et
« irritée à la suite des convulsions nerveuses qui
« revenaient chaque soir à quatre heures environ, au
« point de ne pouvoir supporter le poids de la cou-
« verture du lit. A son réveil, au moment où elle
« disait qu'elle était guérie, que la Sainte-Vierge
« l'avait guérie, elle passa sa main sur sa poitrine,
« et déclara qu'elle ne ressentait plus aucune dou-
« leur. — Mme la supérieure des sœurs de Monta-
« gnac lui ayant dit alors de faire voir qu'elle n'était
« plus malade, elle se mit sur son séant. Aupara-
« vant, Élisabeth était dans un tel état de faiblesse
« qu'on ne pouvait obtenir qu'elle prît cette posi-
« tion. Elle appuya aussi la main sur la poitrine,
« pour montrer qu'il n'y avait plus de trace de mal.
« La miraculée, qui avant ne faisait que sucer la
« viande, mangea à peu près la moitié d'une cote-

« lette de mouton, avec quelques légers accessoires ;
« elle n'en fut nullement incommodée. Elle dormit
« durant la nuit ; et à son réveil, elle protesta de
« nouveau qu'elle était guérie, et demanda ses ha-
« bits pour aller à la messe, où elle devait com-
« munier, et où devait se clôturer la neuvaine dont
« on vous a parlé. — Après la messe, Elisabeth
« retourna à la maison de son père, au grand éba-
« hissement de tous les spectateurs qui étaient très-
« nombreux. Elle n'eut même pas besoin d'aide
« pour monter l'escalier de pierre, assez raide, qui
« compte une douzaine de marches. Entrée au sa-
« lon, elle reçut la visite des dames qui avaient
« prié pour elle, et qui vinrent la féliciter. On lui
« prépara une double ration de café au lait pour
« son déjeuner, qu'elle prit de fort bon appétit, et
« depuis ce moment elle alla parfaitement, il ne lui
« restait que de la faiblesse dans les jambes. Trois
« jours après, le dimanche 1er août, elle alla à la
« messe. Tout le monde crut à une guérison mira-
« culeuse. — Votre très-humble et très-obéissant
« serviteur, Castaing, curé de Moncaut. »

Un homme qui n'a pas le bonheur et la force
de pratiquer la religion, disait : « Je ne suis pas
« dévot, on le sait : eh bien ! j'affirme qu'on ne
« peut méconnaître, en cet événement, une inter-
« vention spéciale de la Providence. »

GRACES SPIRITUELLES

OBTENUES

PAR L'INTERCESSION DE N.-D. DE BON-ENCONTRE.

Nous serons très-court : le récit des faveurs tem-porelles dues à la protection de Notre-Dame de Bon-Encontre nous a entraîné plus loin que nous ne pensions. Et nous n'avons pas tout dit !... D'ailleurs, plusieurs des guérisons que nous avons racontées ont été accompagnées de circonstances si touchantes, ont fait naître de si admirables résolutions, que ces guérisons elles-mêmes peuvent être considérées comme des grâces spirituelles. Enfin, nous nous ré-servons de revenir plus tard sur le sujet que nous voulons aujourd'hui seulement effleurer.

I. — On écrit d'une ville des Pyrénées, le 28 Mars.

« La bonne Madone de Bon-Encontre fait sentir
« sa bienheureuse influence jusqu'au pied des Py-
« rénées. Une conversion vient d'être obtenue par
« son intercession à la suite d'un vœu; et c'est
« pour l'accomplissement de ce vœu que je viens
« vous prier de célébrer une messe d'action de
« grâces, pendant laquelle devra brûler un cierge
« à l'autel de Notre-Dame de Bon-Encontre. On
« avait promis de faire célébrer cette messe dans la

« huitaine de la conversion. C'est dimanche der-
« nier que le converti a communié. »

II. — Autre lettre, 5 Février 1860.

« Je vous demanderai de célébrer encore une
« fois le saint sacrifice pour le pauvre pécheur déjà
« recommandé, et de ne pas oublier cette chère
« âme dans vos prières. Je puis vous dire que notre
« neuvaine à Notre-Dame de Bon-Encontre a eu de
« bons résultats. Si sa conversion n'est pas encore
« complète, je puis dire qu'il a renoncé à une pas-
« sion malheureuse qui scandalisait une ville, et fai-
« sait mourir de chagrin certaines personnes. C'est
« le septième jour de la neuvaine qu'il promettait
« de renoncer à ce qu'il appelait son bonheur.
« Triste bonheur ! Aujourd'hui le sacrifice est fait.
« Que la Reine du Ciel le protége ! La grâce le
« travaille ; il lutte entre le démon et sa conscience
« qui crie bien fort. Priez pour lui. La prière a fait
« un saint Augustin. Elle est donc toute puissante
« auprès du divin Maître. » Pieux lecteurs, obtenez
le salut de cette âme si chère.

III. — Conversion opérée par l'image de Notre-Dame de Bon-Encontre.

Bordeaux, le 27 Septembre 1859.

« Il faut que je vous dise que le Bon Dieu a
« voulu se servir de cette mauvaise *machine*, pour
« faire ressortir la puissance de notre bonne Mère.

« Je fus appelé dimanche chez un malade retenu
« depuis trois mois par un mal qui le conduisait
« lentement au tombeau. Il ne voulait pas se con-
« fesser ; il y avait cependant de longues années
« qu'il ne l'avait fait. Une mission avait été don-
« née, il y a déjà longtemps, dans cette paroisse,
« mais il ne s'était point approché du tribunal de la
« pénitence, bien que plusieurs hommes se fussent
« rendus à la grâce. Sa pauvre femme était désolée,
« crainte de le voir mourir sans sacrements. Je fus
« donc le visiter, armé de la gravure de Notre-
« Dame de Bon-Encontre, que vous avez eu la bonté
« de me bénir. Je parle de mon voyage, je raconte
« en abrégé l'histoire de Notre-Dame de Bon-En-
« contré, je montre au malade la gravure, qu'il
« trouve fort jolie, et j'offre de lui en faire cadeau
« s'il veut la garder. « Si je croyais qu'elle me
« guérît, répondit-il, je la garderais sur moi. »
« C'était précisément ce que je désirais. Eh bien !
« quand je l'ai eu quitté, il a été doux comme un
« agneau et a consenti à voir son curé, lui qui
« l'avait si souvent refusé !... Voyez comme la bonne
« Mère, avec un petit morceau de papier marqué
« de son sceau, a arraché cette âme des griffes de
« Satan ! »

IV. — Une bonne résolution.

Saint-Sylvestre , le 2 Février 1859.

« Mon R. Père, ayant reçu une grâce signalée

« par l'intercession de la Sainte-Vierge dans l'église
« de Notre-Dame de Bon-Encontre, je croirais man-
« quer à la reconnaissance, si je la passais sous
« silence. Je vais vous dire ce qui est arrivé dans
« toute la simplicité de mon cœur. — Depuis long-
« temps je souffrais dans un œil de grandes dou-
« leurs, et peu à peu je perdais tout à fait la vue
« de cet œil (sic). Les remèdes que prescrivait mon
« médecin ne faisaient qu'augmenter mon mal,
« lorsqu'une jeune personne fort pieuse, de ma
« connaissance, me parla des miracles opérés par
« Notre-Dame de Bon-Encontre. Elle me prêta le
« livre où sont racontées quelques-unes des grâces
« qu'elle a obtenues à ceux qui l'ont invoquée avec
« une grande confiance. Alors je me mis à lire ce
« bon livre, et, tout de suite, je me sentis animée
« d'une grande confiance envers cette tendre Mère.
« Je dis à mes parents que je ne voulais plus faire
« aucun autre remède ; que je voulais aller à Notre-
« Dame de Bon-Encontre ; que d'ailleurs on voyait
« bien que les remèdes ne faisaient qu'augmenter
« mon mal, que je perdais tout à fait la vue de cet
« œil. Comme j'avais lu qu'il fallait avoir une
« grande confiance et une vive foi, je craignais
« toujours que mon père ne l'eût pas, et je lui
« disais souvent : Mon père, aie la foi ; oh ! je
« t'en prie, aie la foi ! si tu n'as pas la foi, je ne
« guérirai pas. Et à force de le lui dire, il me

3

« dit : Eh bien, ma fille, oui, j'ai la foi ! et je
« fus alors très-contente. Nous écrivîmes au R. P.
« supérieur pour lui demander une messe, en le
« priant de nous fixer le jour. Nous ne manquâmes
« pas de nous rendre à Bon-Encontre, ce jour là,
« ma mère et moi. Nous nous confessâmes, nous
« fîmes la sainte communion, et, pendant la messe,
« je commençai à voir mieux. Lorsque nous sorti-
« mes de l'église, ma mère qui savait que le grand
« air me faisait mal, voulait que je me couvrisse
« la tête comme de coutume. Je lui dis que je ne
« souffrais pas. Alors nous reconnûmes que déjà
« nous avions reçu une grande grâce. Quelques
« jours après, je fus complétement guérie ; et ma
« mère, pleine de reconnaissance et de joie, fit vœu
« de revenir à Notre-Dame de Bon-Encontre, *pieds*
« *nus*, et cela, tous les ans, tant que ses forces le lui
« permettront. (Il y a de Saint-Sylvestre à Bon-
« Encontre 43 kilomètres.) — Pour moi, mon
« R. P., à qui la grâce de la guérison a été accor-
« dée, je me crois obligée aussi à une grande re-
« connaissance. Il n'y avait pas longtemps que
« j'avais fait ma première communion, et j'avais
« bien promis au bon Dieu de ne pas aller dans les
« assemblées profanes ; mais depuis la grâce que j'ai
« obtenue par l'intercession de la Très-Sainte-
« Vierge, je promets et fais vœu de ne jamais aller
« dans aucune salle de danse. Avant ma guérison,

« j'étais maigre et très-souffrante ; depuis, je suis
« bien remise et me porte très-bien. Mon R. Père,
« pour affirmer la vérité de ce que je vous dis,
« quelques-uns de mes plus proches voisins se
« feront un honneur de donner leurs signatures.
« Votre très-humble servante, Marguerite Vigou-
« roux. — Vigouroux, père. — Franceline Barbe.
« — Jean Vigouroux. — Marie Escande. — Mar-
« guerite Albaret. — Jeanne Vergnolle. — Ver-
« gnolle. — Jean Fraunié. — Caroline Fraunié.—
« Mathilde Terrière. — Marie Gimbas. »

V — Extrait d'une allocution du Prédicateur du Mois
de Marie, à Bon-Encontre, le 28 Mai 1858.

UNE CONVERSION.

« Mes frères, ainsi que l'enseignent les théolo-
« giens, il y a trois actes principaux qui constituent
« *l'essentiel de la dévotion à la Sainte-Vierge* : Un
« sentiment de respect proportionné à la dignité de
« Mère de Dieu; un sentiment de confiance en son
« pouvoir et en sa bonté qui nous porte à recourir
« à elle ; un sentiment d'amour qui réponde à ses
« perfections, à sa tendresse pour nous, à sa qua-
« lité de Mère. L'*Imitation des vertus de Marie* est
« plutôt l'effet et le fruit (un des plus beaux fruits)
« de la dévotion, qu'elle n'en est l'essence. Autre-
« ment, il serait faux de croire, avec l'Eglise, que
« Marie est l'espérance et le refuge des pécheurs ;

« autrement, il faudrait dire que les pauvres pé-
« cheurs ne peuvent avoir de la dévotion à la Très-
« Sainte-Vierge, ce qui est contraire à la doctrine
« des Pères, à ce qu'insinue clairement la liturgie, à
« ce que prouve invinciblement l'expérience. Oui, Mes
« Frères, une âme, qui a le malheur d'être dans les
« fers du démon, peut, comme une âme juste, être
« touchée d'amour, de respect, de confiance envers
« cette divine avocate ; il n'est pas permis d'en
« douter.[1] En voulez-vous un exemple récent ?

« Un pauvre pécheur, qui vivait dans les désor-
« dres les plus déplorables, et qui, même au mi-
« lieu de ses égarements, avait conservé l'habitude
« de prier Marie et l'espoir qu'elle le sauverait un
« jour, vint à Bon-Encontre, il y a quelque
« temps, afin d'obtenir, par l'intercession de No-
« tre-Dame, la grâce de voir tomber ses chaînes.
« Peut-être, comme saint Augustin, tout en adres-
« sant au Ciel cette demande, redoutait-il d'être
« exaucé par la mère du Sauveur ? Mais leva-t-on
« jamais en vain les yeux vers la Vierge miséricor-
« dieuse ?... L'infortuné, persuadé que son pèleri-
« nage avait été inutile, s'était remis en route
« pour regagner son domicile. C'en est fait ! se
« disait-il à lui-même, Marie ne m'entends pas, et

[1] *Dévotion à Marie*, par le P. Galiffet de la Cie de Jésus. —
Annuaire de Marie, par Menghi d'Arville, protonotaire apostolique.

« me voilà encore condamné à traîner les fers de
« mon esclavage et à gémir sous le poids de mes
« remords. A son arrivée, il ouvre un livre,
« trouve un trait qui le frappe, et sentant son
« cœur attendri, subjugué par la grâce, il repart,
« fait une seconde fois une route fort longue pour
« se rendre au sanctuaire miraculeux de celle qui
« l'a merveilleusement assisté, et tombe à mes
« pieds plein de reconnaissance, de joie, de dou-
« leur, d'amour et de contrition. Oh ! répétait-il,
« en faisant l'aveu de ses fautes, quelle grâce,
« quelle grande grâce, cette bonne Mère vient de
« m'obtenir ! Pourrais-je jamais l'oublier ? Non,
« non, désormais je suis à Dieu, je suis à Marie
« pour toujours !... Et il s'éloigna emportant
« dans son cœur le plus grand trésor qu'il soit
« donné à l'homme de posséder sur la terre, le
« bien sans lequel tous les autres biens du
« monde ne sont rien.... la paix d'une bonne
« conscience. »

O douce Vierge, pouvons-nous nous écrier avec
un saint, vous être dévot, c'est une grâce que Dieu
ne fait qu'à ceux qu'il a résolu de sauver.

UN DÉVOT A MARIE

PÉRIR ! NON, JAMAIS ! [Saint Hilaire]

PRIÈRE FILIALE DE SAINT FRANÇOIS DE SALES,

A la Bienheureuse Vierge Marie.

Je vous salue, très-douce Vierge Marie, Mère de Dieu, et vous choisis pour ma très-chère mère ; je vous supplie de m'accepter pour votre fils et serviteur ; je ne veux plus avoir d'autre mère et maîtresse que vous. Je vous prie donc, ma bonne, gracieuse et douce mère, qu'il vous plaise vous souvenir que je suis votre fils ; que vous êtes très-puissante, et que je suis une pauvre créature vile et faible. Je vous supplie aussi, très-douce et chère mère, de me gouverner et défendre en toutes mes actions ; car, hélas ! je suis un pauvre nécessiteux et mendiant qui ai besoin de votre sainte aide et protection. Eh bien donc, très-sainte Vierge, ma douce mère, de grâce, faites-moi participant de vos biens et de vos vertus, principalement de votre sainte humilité, de votre excellente pureté et fervente charité : mais accordez-moi surtout *(Nommez la grâce que vous voulez obtenir.)* Ne me dites pas, gracieuse Vierge, que vous ne pouvez pas ; car votre bien-aimé Fils vous a donné toute puissance, tant au ciel que sur la terre : vous n'alléguerez pas non plus que vous ne devez pas, car vous êtes la mère commune de tous les pauvres enfants d'Adam, et singulièrement la mienne. Puis donc, très-douce Vierge, que vous êtes ma mère, et que vous êtes très-puissante, qui est-ce qui pourrait vous excuser, si vous ne me prêtiez votre assistance? Voyez, ma mère, et voyez que vous êtes contrainte de m'accorder ce que je vous demande et d'acquiescer à mes gémissements. Soyez donc exaltée sous les cieux, et, par votre intercession, faites-moi présent de tous les biens et de toutes les grâces qui plaisent à la très-sainte Trinité, Père, Fils et Saint-Esprit, l'objet de tout mon amour pour le temps présent, et pour que Jésus, Marie et Joseph soient loués et imités.

Ainsi soit-il.

Agen, Imprimerie de Prosper Noubel.

www.ingramcontent.com/pod-product-compliance
Lightning Source LLC
LaVergne TN
LVHW050649090426
835512LV00007B/1102